KB136353

선을 넘다

선을 넘다

안철수 · 진중권 지음

시원
북스

'시대 교체'로
'더 좋은 대한민국'을 만들어야 합니다

기후 위기에 따른 코로나19 팬데믹은 현재 진행형입니다. 4차 산업혁명이 본격화되면서 미국과 중국의 기술 패권 경쟁도 격화되고 있습니다. 선진국들은 빛의 속도로 혁신하고 변화하며 앞서나가고 있습니다. 그러나 우리 대한민국은 지금도 과거에 발목이 잡혀 미래 이정표도 없이 표류하고 있는 중입니다.

광화문 광장을 수놓았던 수천만 국민 열망의 촛불 바다를 기억합니다. 그러나 촛불 정부를 자임한 문재인 정부는 촛불을 배반했습니다. 그들이 구(舊)적폐를 몰아낸 자리를 차지하고, 스스로 신(新)적폐가 되기까지는 오래 걸리지 않았습니다. '정권 교체'가 아닌 '적폐 교대'였습니다. 권력을 사유화하고, 공정을 무너뜨리고, 삼권 분립을 무력화시키고, 언론을 장악하는 등 민주주의를 파괴했습니다. 대한민국을 '한번도 경험하지 못한 나라'로 전락시켰습니다.

그런데도 제1야당은 국민과 국가를 위해 피눈물 나는 노력을 하기는커녕, 정부 여당의 국정 실패에 따른 반사 이익과 정권 교체라기에는 부끄러운, '정권 교대'의 꿈에만 취해 있습니다. 자유민주주의를 복원시키고, 낡은데다 갈수록 더 망가져가는

사회경제적 구조를 시대에 맞게 개혁하겠다는 비전과 사명감
도 찾아볼 수 없습니다. 미중 신냉전의 새로운 환경하에서 대
한민국의 생존 전략도, 성장과 따뜻한 복지를 아우르는 공동
체를 만들겠다는 방향에 대해서도 들어보지 못했습니다.

기득권 양당의 대선 후보들도 이미지에만 신경 쓸 뿐, 도덕성
과 부실한 미래 비전에서는 피장파장입니다. 오죽하면 국민들
사이에서 기득권 양당의 대선 후보들을 보고 있으면 하나같
이 '놈놈놈'이라고 하겠습니까? 나쁜 놈, 이상한 놈, 추한 놈만
눈에 띈다는 한탄입니다.

엎친 데 덮친 격으로 화천대유 대장동 게이트의 판도라 상자
가 열렸습니다. 소왕국 지방 정부와 유착된, 여와 야를 망라
하는 기득권 정치 세력은 물론 법조계, 언론계, 재계 등이 모
두 모인 권력형 부패 카르텔이 드러나고 있습니다. '나쁜 놈들
전성 시대'라는 영화 제목보다 더 영화처럼 이전투구를 일삼
는 모습에 청년 세대와 국민들은 절망하고 있습니다.

기득권 양당은 진정한 진보와 진정한 보수의 가치를 버리고

가짜로 타락했습니다. 보수는 부패하지만 유능하고, 진보는 무능하지만 도덕적이라는 말은 허구였습니다. 보수와 진보 모두 무능하고 모두 부패했습니다.

2022 대선은 구체제(앙시앙레짐)를 혁파하는 '시대 교체'의 원년이 되어야 합니다. 독립운동과 임시정부를 거쳐 해방 후 정부 수립과 전쟁을 이겨낸 대한민국, 산업화에 성공한 대한민국과 민주화를 쟁취한 대한민국을 이뤘지만 거기까지였습니다. 그다음 단계가 선진국으로 진입하는 '선진화'로의 '시대 교체'인데, 지금 기득권 양당은 과거 70~80년대의 생각에서 헤어나지 못하고 있습니다. 계속 시대착오적인 생각으로 역사는 정체되고, 사회는 모순만 쌓이고, 갈등은 커지고 있습니다. 노무현 전 대통령께서 "새 시대의 맏형이 되려고 했는데 결국은 구시대 막내였다"고 말씀하신 이래, 그 후 선출된 대통령 모두 구시대의 막내로 머무르고 말았습니다. 더 이상 이럴 수는 없습니다. 이제 우리 대한민국은 다음 시대로 나아가야 합니다. '시대 교체'로 새로운 선진화 시대를 열어야 합니다.

앞으로 우리의 중심에 두어야 3대 핵심 개념은 '공정', '미래', '안전'입니다. 반칙과 특권이 판치는 유권무죄, 유전무죄 사회를 넘어서는 '공정', 신성장 동력을 창출해서 강한 경쟁력을 가지고 대한민국의 심장을 다시 뛰게 할 '미래', 강력한 안보 태세, 재난 재해로부터 지키기, 사회경제적 약자들을 품어주는 '안전'입니다. 이 세 가지 개념을 바탕으로 함께 살아가는 따뜻한 공동체를 만드는 것이 우리의 비전이 되어야 합니다.

이 책은 1장 바른 공동체 대한민국, 2장 강한 공동체 대한민국, 3장 안심 공동체 대한민국으로 구성되어 있습니다. 공정, 미래, 안전의 개념에 기반하여 산업화, 민주화 이후 대한민국이 나아가야 할 '시대 교체'의 필요성과 대한민국의 재구성이라는 화두를 제안하고자 합니다.

저희 두 사람은 대한민국의 문제점을 진단하고 '더 좋은 대한민국'을 만들기 위한 미래 담론과 해법을 논의했습니다. 그러나 저희들의 논의만이 옳다고 고집하지는 않을 것입니다. 오히려 이를 계기로 '시대 교체'라는 화두를 중심으로 건설적인 미래 담론 논쟁이 활짝 꽃피울 수 있기를 바랍니다.

2021년 10월
안철수, 진중권

목차

이 책은 안철수 국민의당 대표와 진중권 전 교수가 '우리 정치의 현실과 문제점, 이를 해결하기 위한 더 좋은 정치'에 대해 2021년 8월 14일부터 10월 10일까지 나눈 네 차례 대담의 기록이다.

안철수

진중권

Ⅰ. 바른 공동체 대한민국

1. 안철수 현상과 윤석열 현상

진중권 지금 87년체제(1987년 6.10 민주항쟁을 기점으로 형성된 정치, 사회, 경제 시스템을 통칭하는 개념이자 담론)가 계속 진행되고 있고, 그 과정 속에서 대통령 탄핵과 촛불 시위를 통해 문재인 정권이 탄생했습니다. 그런데 한국 정치의 특성이라는 게 아시겠지만 항상 1지대, 2지대가 있고 꼭 3지대가 있었던 거 같아요. 안철수 현상 이전에도 문국현 전 의원이 있었고 이번에는 윤석열 전 검찰총장으로 나타났는데요. 그건 아무래도 한국의 87년체제가 거대 양당이 독식을 하는 체제이지만, 유권자들의 정치에 대한 요구는 87년체제를 이미 넘어섰기에 제3지대에 대한 요구가 계속 반복되는 현상 같습니다.

안철수 여러 가지 생각이 한꺼번에 떠오르네요. 2011년에 제 이름이 붙은 그 현상과 2021년 윤석열 전 검찰총장이 제1야당에 입당하기 전까지의 기대에는 공통점도 있고 다른 점도 있는 것 같아요. 공통점이라고 하면 기득권 양당 체제에 대한 사람들의 불신, 반감 아니겠어요? "어느 쪽이 정권을 잡든 세상이 달라질까?" 또는 "정권 교체가 된다고 과연 세상이 더 좋아질까?" 하는 생각이겠죠.

예전 보수 정권 집권 당시, 국민들은 문재인 정권이 들어서면 좀 더 깨끗하고 공정해질 줄 알았어요. 그러나 오히려 더 불공정해지고 언론 탄압도 더 심해지고 민주주의 파괴가 더 진행되었고요. 국민들이 상상하지 못한 형태로 박근혜, 이명박 정부 때보다 더 나빠지고 더 심해진 부분들이 많았죠. 국정 실패나 국정 농단의 기준을 올려버린 것 같아요. 구 적폐의 자리를 신 적폐가 차지한 겁니다. 그러면 그다음 정권은 이걸 다시 예전 수준으로나마 정상화시키려고 노력해야 하는데, 오히려 문 정권의 낮은 수준은 당연한 것으로 받아들이고 더 악화시키는 악순환으로 갈까봐 저는 정말 걱정이거든요.

그래서 과연 저는 정권 교체만 되면 되는가 묻고 싶어요. 정권 교체는 '더 좋은 대한민국(Better Korea)'을 만들기 위한 것인데, '닥치고 정권 교체'의 결과가 구(舊)적폐가 신(新)적폐와 서로 교대하는 '적폐 교대'가 되는 것은 대한민국이 망

I. 바른 공동체 대한민국

하는 길이라는 게 제 솔직한 걱정이거든요.

진중권　그런데 그게 이번에는 이른바 윤석열 현상으로 나타나고 있어요. 어떻게 보십니까? 과거에는 내 현상이었는데 이제는 윤석열 현상이니까요.

안철수　돌아보면 2011년에 저는 서울대 교수이자 융합대학원 원장이었죠. 당시 서울시장 보궐선거 후에 한 서너 달만 지나면 저에 대한 관심이 사라질 거라고 생각하며, 저는 대학원장으로서의 일만 열심히 했거든요. 당시에는 정치할 생각이 전혀 없었고, 그전까지 신문의 정치면도 거의 안 봤어요. 현실 정치에 대한 참여 의지가 정말 0%였던 사람이었습니다. 그러나 제가 갑자기 대선 후보 여론조사에 포함되고, 높은 지지율이 해가 넘어가도 그대로 지속되면서 책임감을 가지지 않을 수 없었어요.

2011년에 저를 불러낸 국민 열망의 본질은 결국 대한민국 정치에 대한 불만 때문 아니겠어요? 그것 때문에 정치를 전혀 하지도 않았고 관심도 없었던 벤처기업가 출신의 대학교수를 불러낸, 약간은 어처구니없는 상황이 전개됐던 거고요. 지금 윤석열 현상도 현 정권의 검찰총장을 야권 대선 후보로 불러낸 어처구니없는 상황인데요. 전 세계에서 이런 경우가 있는지 모르겠네요.

그래서 결국은 저나 윤석열 전 검찰총장이나 현 정치에 대한 불만이 불러냈다는 점은 같은데, 다른 점이라면 저에 대한 기대는 '시대 교체'였다고 생각합니다. 대한민국이 산업화, 민주화에서 다음 시대로 넘어가야 하는데, 그 자리에서 그대로 머물러 있다 보니 일자리도 줄어들고 나라가 점점 위기에 빠지게 된 겁니다. 그러다보니 저에게 경제인으로서, IT 전문가로서 대한민국의 위기와 우리에게 닥쳐올 미래의 문제들을 해결해달라는 기대였다고 생각합니다.

반면 윤석열 전 검찰총장에 대한 기대는 무너진 우리나라의 민주주의, 법치, 공정, 이런 것을 제대로 세워달라는 요구인 것 같습니다. 그래서 저와 윤 전 총장에 대한 기대는 다른 것 같아요. 즉, 저에게는 미래먹거리와 일자리 등 대한민국의 미래에 대한 기대였다면, 윤 전 총장에 대한 기대는 무너져가는 현재 대한민국 민주주의 시스템에 대한 복원과 재정립이라고 생각합니다.

진중권 당시 혜성처럼 등장하셔서 새정치를 주장하셨습니다.

안철수 2011년 당시에 사람들이 우리나라 정치에 대해서 가지고 있는 불만이 무엇일까, 저도 국민의 한 사람으로서 생각해봤습니다. 당시 제가 정치에 대해서 불만을 가진 이유는 크게 세 가지였어요. 첫째는 사익 추구의 부패한 정치, 둘째는 편 가르고 싸우기만 하는 정치, 셋째는 국민 위에 왕처럼 군림

하는 정치였어요. 특히 두 번째는 판단 기준이 사실이냐 아니냐가 아니라 우리 편이냐 아니냐로 구분하는 것은 그야말로 '조폭 마인드'죠. 이런 마인드로 정치를 한다면 그것은 진영 논리에 따른 '조폭 정치'라고 불러도 무리가 아니죠.

그래서 저는 이 세 가지를 바꿔달라는 것이 저에 대한 국민들의 요구라고 생각했어요. 부패한 정치가 아니고 공익을 위해 봉사하는 깨끗한 정치, 편 가르고 싸우기만 하는 게 아니라 실제 우리사회가 가진 문제해결에 집중하는 정치, 군림하는 정치가 아니라 국민을 진정으로 섬기고 도와주는 정치가 필요하다고 생각했죠. 저는 이것을 '새정치'라고 한 겁니다.

제가 독일에 있을 때, 독일 친구들이 사진을 한 장을 보여주었는데, 문재인 대통령에게 대기업 회장이 90도로 절하는 것이었어요. 독일 친구들 말이 굉장히 기괴하대요. (웃음) 사실 저도 대기업에 대해서는 정치를 시작하기 전부터 비판을 했고 지금까지도 비판적 입장에 있지만, 그래도 이건 아니다 싶더라고요. 어떻게 정치 권력을 가졌다고 경제계를 비롯한 우리나라의 모든 분야들을 완전히 신하 취급을 합니까? 이런 것들을 보면 우리 정치가 굉장히 후진적인 것 같거든요. 예전에는 대한민국이란 수레를 앞에서 끄는 정치의 역할이었다면, 지금은 수레를 뒤에서 밀어주는 게 정치의 역할이라고 생각하며 정치를 시작했고, 이 생각은 지금도 변함없어요.

그런데 '새정치'를 이야기하기 시작하니, 새정치가 뭔지 모르겠다, 모호하다는 거예요. 처음에는 제가 설명이 부족했나 보다 하고 더 자세하게 설명했는데도 계속 모호하대요. 나중에서야 그게 기득권을 지키려는 기득권 정치가 대중을 속이려는 선전 선동이라는 것을 알게 되었어요. 그런데 저는 아무리 설명을 해도 제 입은 하나이고, 기득권의 입은 수십, 수만 개다 보니 일반인들 입장에서는 수십, 수만 개의 목소리만 들리게 되고 제 설명은 찾아보지도 않고 '모호한가보다'라고 생각하게 되는 것이죠. 어쨌든 저는 그렇고요. 윤석열 전 검찰총장은 어떤 생각을 하시는지, 이런 구태 정치에 대해서는 무엇을 어떻게 바꾸려고 정치를 결심하셨는지 그건 기회가 되면 본인한테 물어보고 싶어요.

참 그리고 제가 정치 혐오로 정치를 한다고 분석하는 분들이 있었는데, 그것은 사실이 아니라고 말씀드리고 싶어요. 정치 혐오로 어떻게 제도권 안에서 정치를 할 수 있으며, 정치 혐오가 있다면 왜 정당을 창당했겠습니까? 굳이 혐오라고 따지자면, 국민들이 가진 '구태 정치에 대한 혐오'를 해결해보겠다고 정치를 시작했다는 것이 맞는 분석이겠죠.

I. 바른 공동체 대한민국

2. '더 좋은 나라를 만드는' 정권 교체가 중요한 이유

진중권 그런데 일각에서는 그렇게 말하지 않습니까. 어쨌든 정치라는 게 더러운 건데 그걸 현실로 인정을 하고, 그 안에서 바꿀 생각을 해야지 바깥에서 정치 혐오에 기대어 제3지대로 머무르는 방식으로 성공한 예가 없다. 이런 말들 많이 하지 않습니까. 윤석열 전 검찰총장도 그것 때문에 빨리 입당을 한 것 같고 대표님도 결국은 제도 정치권에 들어가지 않았습니까. 사실 싸운다 하더라도 결국은 들어가서 싸우고 들어가서 바꾸는 수밖에 없는데, 그 타이밍을 놓친 게 아닌가. 그리고 윤 전 총장 같은 경우에도 지금 보면 들어가자마자 저렇게 되잖아요.

안철수 결국 저나 윤 전 총장이나 타이밍 놓친 건 마찬가지네요. (웃음)

진중권 그런데 윤 전 총장은 타이밍을 안 놓치려고 들어갔는데 오히려 너무 빨라서, 타이밍을 잘못 맞춘 게 아닌가 하는 생각이 듭니다. 어쨌든 제3지대로는 집권을 한다는 게 사실상 불가능하고요. 양당 체제가 이미 구조화가 되어 있기 때문에, 제3지대에 머무는 동안에는 기대치만을 먹고살지만, 유권자들이 현실적인 판단을 내릴 때에는 결국은 기존 정당 어느 하나를 선택할 수밖에 없는 구조가 있는 것 같습니다. 이 사실에는 지금도 변함이 없을 텐데 거기에 대해서는 어떻게 생각하시는지요.

안철수 우선, 최근 대선 후보 지지율 여론조사를 보면 '아무도 마음에 드는 사람이 없다'가 1등입니다. 그러니까 제3지대가 아니라 제1지대인 셈이죠. (웃음)

제가 계속 거대 양당 바깥에 있는 이유는 처음 정치를 시작했을 때로 거슬러 올라가요. 저는 사람들이 저를 정치에 불러낸 이유는 기득권 정치에 실망한 국민들이 정치를 바꿔달라는 것이라고 생각했어요. 기득권 양당 정치의 폐해를 개혁하는 방법은 두 가지가 있을 수 있겠죠. 두 당 중의 한 당에 들어가 개혁하는 방법이 있겠고, 또 다른 방법으로 새로운 정당을 창당해서 정치권의 개혁을 위한 메기 역할을 하거나 영국의 노동당이 그전까지 양당 중 하나이던 자유당을 대체했던 것처럼 양당 중 하나가 되어 우리나라의 정치 구조를 바꾸는 방법이 있을 수 있겠죠. 그리고 보면 저는 둘

I. 바른 공동체 대한민국

다 시도해본 셈이네요.

2012년에 무소속으로 처음 정치를 시작했다가, 2014년에 민주당과 합당했던 것은 공동 당 대표를 제안받아서 거대 양당 중의 하나를 목숨 걸고 개혁해보려고 도전한 겁니다. 그러나 정치 조직이라는 게 다른 조직들하고는 워낙 특성이 달라서, 이미 강고한 기득권 구조를 바꾸는 것은 그때 정치 초보 시절의 저로서는 역부족이었어요. 그래서 나와서 국민의당을 창당했고요.

저는 민주당에 있었던 1년 반 정도를 빼놓고는 계속 3당으로 도전했어요. 거대 양당에 속하면서 정치를 하면 쉽다는 것을 알면서도, 어려운 길을 간 거죠. 저는 지금까지 정치하면서 단 한 번도 1번이나 2번 달고 출마해본 적이 없었어요. 그러니까 항상 3번, 4번, 5번, 10번 이게 제 번호였거든요. 저와 가깝게 지내는 많은 중견 언론인 분들이, 대한민국 70여 년 정치 역사상 거대 양당 바깥에서 이렇게 오래 살아남아 있는 사람은 처음이라고 그러세요. (웃음) 제가 선한 인상을 가지고 있다 보니 약하다고 생각하시는 분들이 있는데, 거대 양당 바깥에서 10년째 살아 있는 것 자체가 제가 매우 강하다는 것을 행동으로 증명하고 있다고 말씀드립니다. 한국 정치 환경이 워낙 척박해서, 웬만큼 강한 사람도 몇 달 버티기 힘들거든요.

거대 양당만 있는 것이 국민에게 좋지 않은 이유는, 아무 일도 노력도 안 하고 가만히 있어도 상대방의 실수에 대한 반사 이익으로 정권을 잡을 수 있다는 점이죠. 그리고 아무리 못해도 2등은 안전하게 보장되죠. 예를 들면 시장에서 두 기업이 독과점을 하고 담합을 해서 가격을 올리면 소비자가 피해를 봅니다. 정치에서 거대 양당이 노력하지 않아도 지위가 보장되면 국민이 피해를 보는 것도 같은 이치죠.

그리고 거대 양당 체제에서는 둘만 있다 보니 결국 싸우게 되고, 대화와 타협은 사라져요. 어떤 분들은 미국, 영국도 양당제인데 아무 문제가 없지 않느냐고 하시던데 천만의 말씀이에요. 영국도 결국은 EU에서 탈퇴하는 브렉시트 같은 일들이 생기고, 미국도 트럼프 대통령 이후 갈등의 골이 계속 깊어지고 극단적인 대립 구도가 더 악화되고 있지 않아요?

그런데 최소한 세 정당 정도가 있다면 어떤 일이 생길까요? 서로가 서로와 계속 싸우기보다는 자연스럽게 그중 둘은 서로 손을 잡게 되죠. 대화와 타협의 정치가 가능해지고 연합 정치를 하면서 국가적인 문제해결에 집중하게 되는 것이죠. 그리고 이제는 세상이 복잡다단해져서 사람들의 생각도 다양해져서, 두 정당만으로는 다양한 사람들의 생각을 모두 대표하기가 불가능하죠. 다당제가 필요한 이유입니다.

그럼 왜 어떤 나라는 양당제이고 어떤 나라는 다당제가 되는가? 게임의 룰, 즉 선거 제도 때문이죠. 대선에서 결선투표제가 있고, 총선에서 일종의 '민심 그대로' 선거 제도가 있으면 다당제가 정착돼요. 우리나라처럼 대선에서 결선투표제가 없고, 총선에서 소선거구제로 한사람만 당선되는 구조는 양당에게만 극도로 유리한 제도입니다.

프랑스에서 중도인 마크롱이 대통령이 될 수 있었던 가장 중요한 이유는 대선에 결선투표제가 있었기 때문이에요. 결선투표제가 있으면 1차 투표에서는 당선 가능성을 생각할 필요 없이 자기가 좋아하는 후보에게 투표합니다. 우리처럼 후보 단일화를 할 필요가 없죠. 그중 1, 2위를 대상으로 결선투표를 하게 되니 당선되는 사람은 국민 과반의 지지를 받고 당선되어 안정적으로 국정을 운영할 수 있는 기반이 되는 거예요.

총선의 경우 독일의 정당명부식 비례대표제 같은 경우에는 국민이 투표한 만큼의 의석을 정당들이 가져가게 돼요. '민심 그대로' 선거 제도인 셈이죠. 그러나 우리는 소선거구제여서 일등이 받은 표만 반영되고, 나머지 표의 민심은 버려지는 사표가 됩니다. 그러다보니 거대 양당은 실제 받은 표보다 훨씬 많은 의석을 가져가게 되고, 민심의 분포와 정당의 의석 분포가 달라지죠. 그러니 국회에서 합의가 되더라도 민심과 다른 결과가 나오는 것이죠.

저는 우리나라가 원래 대화와 타협의 능력이 없다고 생각하지 않아요. 게임의 룰 자체가 양당제에 유리한 제도이다 보니 대화와 타협이 없는 대결의 정치가 되고, 이게 이제는 우리나라 발전의 발목을 잡는다고 생각해요.

그래서 저는 국민의 삶과 민생이 계속 악화되는 '정권 재창출'이나 '닥치고 정권 교체' 모두 바람직하지 않다고 생각합니다. 닥치고 정권 교체가 된 후 달라지는 것이 없고 '적폐 교대'가 되는 결과만 남는다면, 그게 대한민국에 무슨 도움이 되겠어요? 더 좋은 대한민국을 만드는 결과를 만들어내지 않는다면, 정권 교체가 되든 정권 교체가 안 되든 피장파장이라는 그런 문제의식이 있는 겁니다.

진중권 결국은 현실성의 문제 아니겠습니까. 물론 국민들의 기대와 바람은 있습니다. 선거 때마다 국민들의 바람으로 제3후보가 등장하는 것은 국민들의 다양한 정치적 기대와 요구를 현실의 양당 정치가 받아내지 못한 때문으로 보입니다. 문제는 제3지대로서는 양당제 구조를 바꾼다는 게 사실상 구조적으로 불가능하다는 것 아니겠습니까. 결국은 제3지대로 남아 있어도 항상 선거가 절정에 달하게 되면 이쪽 혹은 저쪽으로부터 단일화를 강요당하구요.

안철수 양쪽의 요구보다는 공격을 받죠. 일례로 제가 주도적으로 창당했던 국민의당이 2016년 총선 때 38석을 얻어서 삼김(金)

　　　　　　　　　　　　　　　　　　I. 바른 공동체 대한민국

이래 가장 큰 교섭 단체를 만드는 정치사에 남는 업적을 남겼지만, 제 역할을 못한 가장 중요한 이유 중 하나는 당시 집권 세력의 정치 공작 때문이었어요. 청와대 모 민정수석이 실체도 없는 '리베이트 의혹'을 만들어서 국민의당에 덮어씌웠죠. 언론에 아무리 설명해도 받아주지 않고, 결국은 제가 당의 이미지가 더 훼손되는 것을 막기 위해 당 대표직을 자진 사퇴하면서 잠잠해졌어요. 피를 봐야 멈추는 법이거든요. 그 후 국회의원 2명과 당직자까지 총 10명을 기소했지만, 1심, 2심, 대법원에서 모두 모든 혐의에 대해 전원이 무죄 판결을 받으면서 사실이 아님이 확인됐어요.

그러나 제가 당대표로서 제3당의 필요성을 국민에게 각인시키고 우리 정치를 개혁할 기회를 잃고 말았습니다. 결과적으로 대한민국 정치 역사상 가장 악독한 정당 탄압 사건의 하나였지만, 국민들은 국민의당이 리베이트를 받아 부정을 저질렀다는 의혹만 기억하고, 결국에는 무죄로 판명되었고 정당 탄압이었다는 것을 아는 사람은 거의 없는 것 같아요.

그때 제일 심했던 종편 방송이 하나 있었습니다. 메인 뉴스를 1시간 하면 약 20여 꼭지 정도를 보도할 텐데, 메인 앵커가 직접 매일 새로운 의혹처럼 편파 보도를 하면서 제가 사퇴할 때까지 총 200회 이상의 보도를 통해 집중적으로 공격했어요. 그런데 대법원에서 무죄로 밝혀지니까, 그 방송에서는 사과나 유감 표명도 없이, 메인 앵커는 빠지고 보조 앵커가 '대법원에서 최종 무죄가 됐습니다'라고 짤막하게 퉁치고 넘어갔어요. 어쨌든 당시 이 리베이트 '조작' 사건으로 국민들이 3당에게 실망한 중요한 계기가 된 거죠.

진중권 그렇죠. 그리고 3지대에서 완주를 하는 것 자체가 쉽지 않거든요. 정의당도 2017년 선거에 심상정 의원이 완주를 했지만, 그때는 워낙 민주당 후보의 당선이 확실했으니 그랬던 것이고, 2012년 대선에서는 중간에 사퇴를 해야 했어요. 왜냐하면 사퇴를 안 하면 완전히 국민들의 지탄을 받아 당 자체가 사라질 상황이란 말이죠. 그런 어려움들이 있습니다. 그런데 거기에 대한 대안 같은 것도 없지 않습니까. 그래서 답답한 건데요.

안철수 그러니까 결국은 방법이 셋 중의 하나 아니겠어요? 결국은 3자 대결에서 승리하는 게 최선이고, 그렇지 않다면 연대를 통해서 정체성은 유지하지만 더 좋은 대한민국을 만드는 정권 교체가 될 수 있도록 일정한 역할을 할 수 있는 방법을 찾는 것이죠. 아니면 양당 중의 하나에 통합되면서 그 당 내부에서 정체성과 노선을 지키는 방식 등 세 가지 선택 중의 하나일 겁니다.

진중권 이번에 연대를 하게 된다고 한다면 결국은 '이 당' 아니면 '저 당'인데 사실 저 당에도 있어보셨고, 이번에는 사실 이 당에다가 합당을 약속하셨잖아요. 그랬는데 어떻게 되는 겁

I. 바른 공동체 대한민국

니까? (웃음)

안철수 통합의 기본 전제는 지지층을 넓히는 겁니다. 그런데 통합을 해도 지지층이 그대로면, 한 정당만 없애버리는 마이너스 통합이 되면, 아무런 소용이 없는 것 아닌가요? 서로 통합을 하는 이유는 지지층을 넓히고 그 결과로 더 좋은 대한민국을 만들기 위한 정권 교체를 하기 위한 것이죠. 통합은 그를 위한 수단이고요. 그러니 더 좋은 정권 교체라는 목표를 이룰 수 있다면 통합할 수 있는 것이고, 이걸 이루기가 불가능하다면 다른 방법을 찾는 것 아니겠어요? 지금은 원론적인 말씀밖에는 드릴 수가 없네요. (*대담 이후 2021년 8월 16일 "합당을 위한 합당 또는 작은 정당 하나 없애는 식의 통합"은 하지 않겠다는 기자 회견이 진행됨.)

이야기를 나누다보니 가장 기본적이고 중요한 생각이 떠올라요. 정치란 무엇인가, 그리고 저는 왜 정치를 하는가? 지금 되돌아보면 부끄럽게도 처음 시작할 때 어떤 정치를 하겠다는 생각은 있었지만, 정치가 뭐고 제가 왜 정치를 하는가에 대한 생각은 명확하지 않았던 것 같아요. 그 생각부터 먼저 깊이 있게 고민하지 못했던 거 같습니다. 시간이 지나면서 정치학 책도 보고 정치학 교수님하고도 이야기해보니 정치에 대한 정의가 다 조금씩 달랐어요. 정치학 교과서에서는 '가치의 권위적 배분(authoritative allocation of values)'이라고 정치를 정의하시지만, 저한테는 머리로는 이해가 되지만 가슴으로는 와닿지가 않았어요.

그런데 어느 정도 시간이 지나면서 제 스스로 생각이 정리가 되었어요. 저는 "정치란 우리와 우리 아이들이 살아가는 삶의 틀을 만드는 것이다"라고 생각해요. 그러니까 우리가 대한민국에서 태어나서, 교육제도의 틀 아래서 공부하고, 자유시장경제의 틀에서 만들어진 회사에서 일하며 자기 성취를 하고, 은퇴하고 나면 우리나라가 만든 복지제도의 틀 아래서 삶을 영위하다가 죽는 거예요. 정치를 통해 이 틀에서 우선순위를 아주 조금만 바꿔도 수많은 사람들이 고통에서 해방될 수 있고 조금 더 행복하게 살 수 있게 되는 거거든요. 그런데 권력을 잡고는 이렇게 중요한 일에는 관심이 없고, 세금으로 자기 편 먹여 살리는 일에만 관심이 있는 정치인들 때문에 세상이 살기 힘들게 되는 거죠.

재난지원금을 예로 들어 볼까요. 재난 상황에서 사람들의 상황은 천차만별이죠. 재난을 당해 죽을 지경이 되는 사람도 있고, 공무원처럼 변동이 없는 사람도 있고, 사업이 더 번창해서 월급이 더 많아지는 사람도 있어요. 그런데 재난지원금은 말의 뜻 자체가 '재난을 당한 사람들을 지원하는 돈'이에요. 재난을 당해 죽을 지경이 되는 사람들을 집중적으로 도와주는 것이 너무나도 당연하죠. 그런데 정권의 인기 유지와 선거에서 표를 얻기 위해서 '전 국민 재난지원금'을 들고 나왔어요. '전 국민 재난지원금'이라는 말은 그 자체로 모순된 말이에요. 전 국민이 재난을 당하지 않았는데,

재난을 당하지 않거나 재난 상황에서 돈을 더 많이 번 사람들에게까지 돈을 골고루 나눠준다는 거거든요. 그러다보니 정작 재난으로 고통 받는 사람들에게 돌아갈 몫이 줄어들게 되는 거죠.

저는 이런 걸 바꾸고 싶었어요. 제가 정치를 하는 이유는 이런 잘못된 일들이 눈에 보이는데, 저만 편하게 살면 된다고 그냥 지나칠 수 없어서예요. 제가 정치를 하는 게 돈을 벌기 위해서겠어요? 명예를 더 얻기 위해서겠어요? 권력을 휘두르기를 좋아해서겠어요? 그런 건 아니란 거는 아실 거예요. 저는 우리와 우리의 아이들이 살아갈 세상이 조금이라도 더 좋아지게 만들고 싶어서 정치를 하는 거예요.

어떤 분들은 제가 정치를 하지 않았다면 존경받으며 살 수 있는데 왜 정치를 하느냐고 안타까워하세요. 그럼 저는 물어봐요. 다른 사람들이 고통받으며 사는 것은 무시하고, 나만 편하게 살면 그게 좋은 삶이냐고요. 오히려 제가 힘들더라도 우리나라를 조금이라도 더 좋게 바꾸려고 애쓰는 게 더 좋은 것 아니냐고요.

진중권 이번에도 서울시장 나가셨는데 결국 완주를 못하셨지 않습니까. 거기서도 확인할 수 있는 게, 유권자들은 시간이 지나면 지날수록 결국 체제와 조직을 가진 거대 당으로 몰린다는 사실 아니었습니까. 이런 상황에 변함이 없는데, 제3지대

전략이라는 게 또 그 실패의 반복이 되지 않을까 하는 우려가 있습니다. 그리고 겪어보셨겠지만 참 비정하잖아요. 솔직히 말하면 사실 안철수 대표님께서 뛰어줬기 때문에 이길 수 있었던 것인데, 선거 끝나고 나니 완전히 점령군처럼 '꿇고 들어와라' 이런 식이잖아요. 그리고 선거는 이준석 대표 자기가 혼자 다한 것처럼 굴어요. 황당하더라고요.

선거 딱 끝나고 나니까 자기 서사를 쓰더라고요. 자기가 2030을 잡아서 이겼다는 거죠. 그 당시 오세훈 후보가 잘해서 이긴 것처럼 얘기하고요. 사실 오세훈 후보는 등장하자마자 '대통령 버전'인가 뭐니 황당한 코미디로 시작했던 후보인데 나중에 당선돼 버리지 않았습니까. 냉정하지만 이게 현실 정치인데요. 솔직히 말하면 이게 바뀔 것 같지는 않다, 또 반복될 것 같은 그런 느낌입니다. 물론 진짜 변수가 있다면, 정권 교체를 향한 국민의 열망은 그대로 있는 상황에서, 야당 후보가 국민들이 보기에 '이건 아니다, 이 사람은 아니다'라고 할 정도로 결정적인 결격 사유를 갖고 있지 않은 이상은… 그래서 어떤 걸 기대하시는지 궁금해요.

안철수 선거라는 게 내가 좋아하는 사람을 찍는 경우도 있지만, 내가 싫어하는 사람을 떨어뜨리기 위해서 찍는다고들 그러잖아요. 그런데 이번 같은 경우는 워낙 문재인 정부와 민주당에 대한 분노가 강하다보니, 야권 후보 중 어떤 사람이 좀 더 나은 서울을 만들 수 있을지에 대한 관심은 적었던 것 같

      I. 바른 공동체 대한민국

아요. 그런데 사실 어떻게 보면 제가 서울시장이 되는 제일 쉬운 방법은 국민의힘에 들어가서 경선 하는 거였겠죠.

진중권 후회 안 하세요, 혹시?

안철수 후회 안 합니다. 제가 국민의힘에 입당해서 경선하지 않고 끝까지 기호 4번을 고집했던 이유는, 제가 서울시장이 되는 것보다 야권이 대선에서 정권 교체를 할 수 있는 세력으로 거듭나기를 더 원했기 때문입니다. 제가 이기면 야권의 정계 개편이 일어날 수밖에 없고, 그 과정에서 국민들에게 신뢰받을 수 있는 정치 세력으로 거듭날 수 있다고 생각했어요. 이상적인 생각인지 모르겠지만, '야권의 혁신'이라는 가치가 제게는 더 중요했기 때문에 그랬습니다. 천신만고 끝에 정권 교체가 된 이후에도 예전 보수 정권 때와 달라지지 않고 똑같이 부패하고 성추행하는 일이 반복된다면 어떻게 되겠어요? 그런 일이 일어나지 않도록 달라져야 한다는 게 제 생각이었어요.

LH 직원 부동산 투기 사태 이전에는 야권 후보들 중에서 저만 여권 후보를 이기니까 문제가 없었죠. 그런데 LH 사태라는 변수가 갑자기 생기면서 야권 후보 중 누가 나와도 민주당 후보를 이기게 되면서, 큰 당 쪽이 유리해진 거죠. 거기에다 제1야당이 여론조사가 자기들에게 유리해지기를 기다리면서 후보 등록 시한을 넘기면서까지 무리하게 시간을 끌었습니다. 제1야당이 단일화가 이루어질 수 없는 상황을 만든 거죠. 판을 깨도 이길 수 있다는 오만이 아니었나 싶습니다. 그러나 저는 개인의 정치적 성공보다 대의가 중요하다고 생각해서, 통 크게 결단해서 모든 조건 수용하고 결국 야권을 승리로 이끌 수 있었습니다. 만약 서울시장 보궐선거에서 야권이 패배했다면, 지금 같은 정권 교체의 분위기는 없었을 겁니다.

3. 야권은 또다시 실패하고 있다

진중권   어쨌든 야권의 변화라는 게 결국은 이준석 체제로 나타나지 않았습니까.

안철수   야권 지지자들은 어떻게든 야권이 변화해야 한다는 생각이 매우 컸던 것 같습니다.

진중권   국민들의 야당의 변화에 대한 요구는 굉장히 컸지만 어떻게 변화해야 되는지에 대한 감은 국민들이 없었던 것 같아요. 뭔가는 변화해야 하는데 당장 눈에 보이는 것은 젊은 세대랑 소통할 수 있는 생물학적으로 젊은 대표라는 것이었죠. 제가 굉장히 우려를 표명했지만 결국은 그렇게 돼버렸고, 그 위험들이 지금 나타나고 있습니다. 그래서 이준석 대표로 인해 야권의 변화가 나타난 부분들에 대해 당시에는 어떻게 생각하셨고, 그리고 지금은 또 어떻게 생각하시는지 궁금합니다.

안철수 야권 지지자들이 바랬던 것은 현재 제1야당으로는 정권 교체가 어려우니 뭔가 변화해야 된다는 생각이 강했던 것 같습니다. 기존의 다선 의원들로는 변화를 기대할 수 없으며, 지금이 바닥인데 아무리 못해도 이 바닥보다는 더 밑으로 가겠냐는 심정으로 이준석 대표를 뽑은 것이 아닌가 합니다. 그러니까 이준석 대표 자체가 적임자라고 생각하기보다는, 지금 현재 상황보다 더 나빠질 수 없으니까 미래는 불확실하지만 새로운 사람을 선택한 것 아닌가 싶거든요.

진중권 정치인으로서 이준석 대표는 어떻게 생각하십니까? 이준석 대표가 나왔을 때 경선 과정에서 한창 신드롬이니 열풍이니 한 달 만에 가시긴 했지만요. 문제는 이런 겁니다. 이준석 대표가 상당 부분 2030의 마음을 대변하는데, 그 마음이라는 게 어떻게 보게 되면 과거의 보수보다 낫다고 하기 힘든 것이거든요. 이른바 '능력주의'라든지, 쉽게 말하면 문제의 원인은 그대로 놔둔 채 현상에만 집착을 하는 거라든지. 정치가 이런 것에 편승해나가면 상당히 위험해질 것이라고 생각을 했는데, 그때 그 현상을 보시면서 어떻게 생각하셨는지 궁금합니다.

안철수 국민의힘 지도부를 뽑는 과정에서 코로나19로 인한 언택트 상황도 한몫을 했다고 봅니다. 이 대표 체제와 관련해서는 저도 여러 가지 우려들이 많았어요. 일단은 대학을 졸업하고 제대로 된 조직 생활의 경험이 없는 상태에서는 큰 조직을 관리하기는 힘들다는 우려입니다. 선출직으로서 직접 경험 없이 3자의 입장으로 정치 평론을 오래한 것도 장점과 단점이 혼재하죠. 대표는 갈등을 평가하는 자리가 아니라 갈등을 해결하는 자리이기 때문이에요. 그리고 무엇보다도 철학이 정립되어 있어야 일관성이 유지될 수 있습니다. 사람은 여러 가지 다양한 경험을 하면서 삶의 철학이 만들어지고, 그것이 여러 가지 상황에서 여러 형태로 드러나게 되죠. 그렇지 않은 상황이라면 그것도 리스크가 될 수 있습니다.

진중권 장기적인 비전이나 철학을 가지고 있는 게 아니라, 그때그때 상황에서 말싸움에서 이기는 임기응변 이런 것에 능한 게 아닌가 생각합니다. 고공 플레이를 하는 것. 그래서 항상 미디어가 필요한 거고요.

안철수 저는 회사도 창업해보고, 대기업의 이사회 의장도 했고, 대학원장으로 학교 조직도 관리해보고, 비영리재단인 동그라미재단도 만들어보고, 정당 대표도 수차례 해봤어요. 그러니까 제가 지금까지 평생 제일 오래한 일이 사실은 조직관리예요. 그런데 여러 형태의 조직을 관리해봤지만, 정당 조직 관리의 난이도는 다른 조직하고 비교가 안 되더라고요. 그리고 저는 정당 대표를 맡았을 때는 철칙이 하나 있는데, 하고 싶은 말의 10분의 1만 하는 겁니다. 그래야 정당에서 수시로 발생하는 갈등 조정이 가능하거든요. 회의할 때도 대표가 먼저 입장을 밝히기 전에 다른 사람 의견을 다 묻고 자기 말을 해야지, 자기 말을 먼저 하면 회의가 산으로 갈 때가 많아요. 정당 대표 내지는 다른 조직의 대표를 할 때도 기본적으로 가져야 될 생각이나 태도가 아닐까 합니다.

4. MZ세대와 보수의 위기

진중권   보수도 지금 엉망이거든요. 대표적인 윤석열 후보도 정치 신
인이고, 그러면 이준석 대표가 못하면 후보라도 잘해야 되
는데 후보가 계속 구설에만 오르고 아직도 준비되지 못한
태도, 준비되지 못한 모습을 노출시키고 있어요. 윤 후보에
대한 기대는 사실 '무너진 법치를 세울 사람'이라는 평가인
데, 기다렸던 메시지는 아직 안 나오고 있거든요. 한편으로
참모의 문제도 있죠. 나름대로 그 바닥에서 한 가닥 한다는
분들을 다 모았겠지만, 이 분들의 사고방식이 많이 낡았다
는 느낌이 들고요.

다른 한편 대여 투쟁은 거의 보이지 않아요. 야당이 너무 무
기력해 보입니다. 옵티머스 같은 건 다 무혐의로 처리됐고,

살아 있는 권력에 대한 수사는 개시도 못하고, 권력에 반대하는 사람들에 대한 수사만 하는 상황입니다. 여기에 언론중재법까지 통과되면 아예 보도조차 못하게 되는 상황이 올 수도 있습니다.

안철수　옵티머스 사건이 무혐의라면, 장물은 있는데 도둑은 없는 상황이네요.

진중권　지지율이 깡패라고, 지지율이 나오면 어차피 국민들은 그리로 몰릴 수밖에 없지만, 이것만 가지고 힘들지 않겠습니까. 뭔가 긍정적인 메시지가 나와야 하는데 아직까지도 안 나오고 있는 상황입니다. 한편으로는 이준석 대표는 앉아서 캠프랑 계속 싸움질하고 있고, 대표가 갈등을 조정해야 되는데, 오히려 자기가 갈등을 만들어 나가고 있어요. 아까 말씀하신 것처럼 당 대표라면 하고 싶은 말을 10분의 1만 해야 되는데 하고 싶은 말을 10배나 하고 그 모든 상황을 페이스북으로 생중계를 해요. 굳이 국민이 알 필요도 없는 것들까지요. 이 대표는 자기 생각만 옳다고 생각하고, 그러다보니까 '대표 리스크'로 나타나서 지금 국민의힘 지지자들뿐 아니라 중도층에서도 '이러다가 정권 교체 물 건너가는 게 아닌가'라는 회의감이 팽배한 상태입니다.

안철수　지금 이준석 대표가 이야기하는 능력주의(meritocracy)에 대한 개념은 미국에서 아주 초창기에 나왔던 수준 같습니다.

I. 바른 공동체 대한민국

미국에서도 지나친 능력주의와 관련한 문제점을 인식하기 시작하면서 대학에서는 소수 인종 배려 정책을 도입했죠. 그래서 흑인 학생을 일정 비율 입학시키는 걸 시작했고요. 그 전까지는 성적만 가지고 사람들을 뽑다보니 거의 대부분 백인이었는데, 성적이 좀 낮더라도 흑인을 입학시켜 교육을 받을 기회를 주고 20년 후에 살펴보니, 입학 당시 성적이 낮았던 흑인과 성적이 좋았던 백인과 비교해봐도 법조계나 국가에 대한 공헌에 차이가 없다는 것을 알게 됐다고 합니다. 그래서 그때 결론이 흑인이 입학 성적이 나빴던 이유는 재능이나 노력이 부족해서가 아니었고, 기회를 못 가져서 그랬다. 동등한 기회를 주고 능력에 대해 평가해야 한다. 이게 진정한 능력주의라고 했던 것 아닙니까?

그런데 우리나라는 다른 나라와 상황이 매우 달라요. 아버지 세대처럼 우리나라가 후진국일 때 태어난 사람들과, 청년 세대처럼 우리나라가 선진국 수준일 때 태어난 사람이 동시대에서 같이 살고 있습니다. 세계에서 이런 나라는 우리나라밖에 없을 거예요. 그러다보니 소수자 배려 정책도 전 연령대에 걸쳐 일괄적으로 적용하기 힘든 경우도 많습니다. 그런데 세대별로 다르게 적용하려고 해도 31세부터는 적용하고 30세 이하는 적용하지 않고, 이렇게 끊을 수도 없지 않습니까? 어쨌든 이런 딜레마들이 있으니, 미국의 소수 인종 배려 정책 같은 것을 통해 지나친 능력주의의 폐해를 줄이는 방법에 대해 벤치마킹하려면 정교한 접근이 필요해

보입니다.

진중권 사실 우리는 소수자를 배려하는 제도가 없어요.

안철수 대학 입시에서 아주 작게 농어촌 학생 특별 전형 이런 것 빼놓고는 거의 없죠.

진중권 그것도 연구에 따르면 그렇게 들어온 학생들과 시험 봐서 들어온 학생들을 나중에 졸업할 때 비교해보면 오히려 전자의 성적이 더 높다고 합니다. 이를테면 지금 시험 성적으로 뽑힌 애들은 다 목동 사는 애들, 대치동 사는 애들이란 말이죠. 그런데 나는 그 아이들이 다른 지역 애들보다 특별히 능력이 더 뛰어나다고 믿지 않거든요. 그건 공정한 게 아니죠. 능력주의는 그 동네에 사는 가진 집안 아이들의 이데올로기인 것 같아요. 미국에서도 그렇잖아요. 요즘엔 대학에 아시안이 너무나 많이 들어오니까 그 수를 제한한단 말이죠. 그래서 이들이 소송을 하고 그러는데, 문제는 이 가진 사람들의 이데올로기를 사회적 자본을 못 가진 애들까지 공유하고 있다는 거죠.

안철수 자기들이 대상이고 피해를 볼 수도 있는데 그걸 모르는 것 같아요, MZ세대들이요.

진중권 한국 사람들이 강남을 욕하면서도 실제로 욕망은 강남을 따라가잖아요. MZ세대도 비슷한 길을 따라가는 것 같습니다. 그러면서 만만한 게 여성이니, 엉뚱하게 자기들보다 더 피해를 보는 여성에게 분노의 화살을 쏘아대는 거죠. 상황이 이렇게 흘러가버리니. 정치인이라면 솔직하게 얘기해야 되거든요. 객관적 데이터를 가지고 이른바 '남성에 대한 역차별'이란 존재하지 않는다고 젊은 남성을 설득해야죠. 덧붙여서 하버드 같은 데서 할당제를 통해 다양한 인재들을 뽑았을 때 전체적으로 대학 자체의 퍼포먼스가 늘어난다는 연구 결과가 있거든요. 조직 내의 다양성이 제고되니 당연한 효과죠. 정치인이라면 성평등이 남성 몫을 빼앗아 여성에게 주는 게 아니라 궁극적으로는 남녀 모두에게 이득이 된다고 설득할 줄 알아야죠.

안철수 그런 접근 방법이 공동체를 위해서도 좋은 건데요.

진중권 그게 공동체를 위해서도 좋고, 그게 결국 모두의 이익이 되죠. 그런데 지금 MZ세대의 경우 공동체가 아니라 나를 기준으로 사안을 판단해요. 공정이냐 불공정이냐, 정의냐 불의냐, 평등이냐 불평등이냐가 아니라 어느 게 나한테 유리하냐 불리하냐 이걸로 판단하는 거죠. 그런 개인들의 사적인 마인드가 집단화하여 나타나고 있거든요. 사실 젊은이들 중에서 정규직이 될 확률보다 비정규직이 될 확률이 더 크죠. 그런데 대통령이 인천공항을 방문해 비정규직을 정규직화하겠다고 약속했더니 외려 반발한단 말이에요. 왜냐하면

'나는 열심히 입사 시험 공부를 하고 있는데, 쟤네들은 대통령과 악수 한 번 했다고 정규직이 되냐'는 거죠. 이런 반응을 보면 솔직히 뜨악하거든요.

정부도 문제입니다. 정규직도 있어야 하지만, 비정규직도 필요하거든요. 두 개 다 있어야 하죠. 문제는 차별이죠. 이 정부 사람들은 차별을 없애려고 하는 게 아니라 아예 비정규직을 없애려고 하거든요. 그것도 국가가 시장에 개입하거나, 혹은 나랏돈을 쓰는 방식으로 한단 말이죠. 국가가 할 일을 제대로 못하고 '비정규직을 아예 없앤다'는 식으로 나가는 게 문제인 것 같습니다. 선진국의 경우에는 같은 일을 해도 비정규직이라면 더 많은 대가를 받거든요. 왜냐하면 비정규직의 불안전성에 대한 대가를 기업에서 지불해주는 거죠. 과거에 독일에서는 1년에 3개월만 필요한 사람인데 1년 내내 고용을 해줬던 적이 있어요. 이건 누가 봐도 불합리하잖아요. 그래서 때문에 3개월 딱 고용만 하고, 그 대신에 그 3개월 동안은 정규직이 받는 것보다 훨씬 많은 보상을 해주는 거죠.

안철수 사실 기업 입장에서 같은 일을 한다면 정규직보다 비정규직에 대한 처우가 높은 것이 당연한 건데, 우리 현실은 반대죠.

진중권 우리의 경우에는 똑같이 작업복을 입고 똑같은 작업을 하는데, 라인만 달라서 옆 라인은 정규직, 이 라인은 비정규직

Ⅰ. 바른 공동체 대한민국

이거든요. 사실 이 제도를 기업에서 노동력을 착취하는 수단으로 사용하고 있단 말이에요. 고용 유연성과는 전혀 상관이 없는 목적으로 오용되고 있는 거죠. 국가에서 할 일은 바로 이런 것을 막는 것인데, 그 일을 '대통령과 악수하는 이벤트'로 연출하다보니 이런 사태가 벌어지는 것이고, 젊은이들은 그런 걸 보면서 더 삐딱한 방향으로 생각을 하게 되는 거예요. 게다가 정치권에서는 그들의 반감에 편승해 이용해 편 가르기나 하고. 예를 들어, 이준석 대표는 이른바 '이대남'의 불만에 편승해 그들의 분노를 더 약자인 여성에게 돌리는 방식으로 표를 얻으려 했죠

안철수 저는 2017년 대선 때, 전 세계적인 흐름이 플랫폼 노동자 등 비정규직이 늘어날 수밖에 없는 쪽으로 움직이고 있다고 말해 왔습니다. 그래서 결국 우리가 가야 할 노동 개혁의 방향은 비정규직의 정규직화가 아니고, 비정규직을 정규직만큼 안정적이고 제대로 대우받게 만들어주는 쪽으로 노동 개혁을 해야 된다고 주장했거든요. 그런데 이 정부는 비정규직의 정규직화를 밀어붙였지만 오히려 이 정부 와서 비정규직이 더 늘어나지 않습니까? 그러니까 세계가 움직이는 방향에 대한 개념이 없고 모르니까, 현실과는 다른 방향으로 가면서 부작용만 더 많이 생긴 게 아닐까 싶어요.

진중권 아직도 경제에 대한 관념이 근대의 산업혁명기에 머물러 있다는 느낌입니다. 즉 산업혁명기의 노동은 시간적, 공간적

동일성에 기초한 집단 노동이잖아요. 그런 것들이 지금은 다 해체가 되는 중이죠. 정보화시대로 들어서면서 노동력들이 결국 노마드화, 유목민화되는 경향이 있거든요. 이는 일정 부분 어쩔 수 없는 것이고, 그 현상들을 받아들이지 않을 수 없죠. 다만 정규직이 필요한 부분들에 비정규직으로 고용해서 실제로는 정규직이 하는 일을 시키면서 임금 후려치는 것은 못하게 막아야죠. 이게 제일 중요한 부분이고요. 그다음에 노동 운동도 문제가 있죠. '노동자'의 개념이 산업혁명기에 형성된 거잖아요. 그런데 요즘 늘어나는 플랫폼 노동자들의 경우 노동자성을 인정받지 못하고 있습니다. 고전적 관념의 그런 노동이 아니거든요. 그러니 전통적 노동자에 기초한 조합운동이 이들을 포괄하지 못하는 경향이 있습니다. 진보 좌파들도 아직 이 문제에 대해 명확한 답변을 갖지 못하고 있고, 그 사이에 대기업 노동조합 중심의 민주노총이나 한노총 등이 기득권화됐다고 비난을 받는 상황입니다.

안철수 특히 민주노총의 활동은 소수의 조직화된 노동자, 이미 기득권화된 노동자들만을 위한 활동이 중심이 되어버린 거죠. 그 피해는 청년들과 비정규직, 협력업체 노동자들에게 전가되고 있어요. 이 정부의 노동 정책도 기득권 노동자들의 기득권을 보호하는 정책이라는 게 제가 가진 문제의식이에요.

진중권 어차피 노조라는 게 이익 집단이잖아요. 그럴 수밖에 없는 건데, 사실 현재 노동 운동에 비정규직 노동자나 플랫폼 노동자 등에 대한 고려가 거의 비어 있는 상태고, 이들이 열심히 목소리를 내도 별다른 관심도 받지 못하는 이런 상태입니다. 진보가 그쪽을 바라봐야 되는데, 진보도 문제인 게 그쪽에 대해 뾰족한 대안을 내지 못하니 자꾸 정체성 정치에 치중하는 경향이 있거든요. 성 소수자라든지. 물론 그것도 굉장히 중요하지만, 그 못지않게 중요한 노동 의제들이 있잖아요. 그런 부분에 대한 얘기가 빠져 있는 거죠. 과거에 미국의 민주당도 그 길을 걸었다가 트럼프 정권을 맞게 된 거죠. 백인 하층 노동자들이 좌절하게 되면서. 우리의 2030이 딱 그 길로 가고 있는 것 같아요. 그들의 좌절과 분노에 사실 진보가 답을 못 내놨고, 그 부분을 이준석 대표가 치고 들어가면서 그 분노를 여혐으로 바꿔놓고 이대남의 지지를 자신의 개인 자본으로 챙겼죠. 최근 그 당에 10만 명 이상이 입당했다고 하거든요. 그 대부분이 2030이란 말이죠. 아마도 대부분 남성일 거예요. 입당한 2030들이 이준석 대표를 지지하니, 권력이 엄청날 겁니다. 거기 권리당원이 몇 명이나 되나요?

안철수   기존의 국민의힘 권리당원이 30만 정도라고 알고 있는데, 추가로 늘어난 거죠.

진중권   30만이면 3분의 1일이라는 거거든요. 새로 입당한 2030 표만 잡아도 당의 헤게모니를 쥘 수가 있는 거죠.

안철수 　긍정적인 일일 수도 있지만, 자칫 '대깨문'이 민주당 장악했던 것과 비슷한 일이 벌어질 수 있다는 우려가 있네요.

진중권 　똑같이 국민의힘을 장악해버리고요. 그러다보니 유승민 전 의원처럼 합리적인 정치인도, 대선 출마 일성이 '여성가족부 폐지'잖아요. 그걸 보는 순간에 지지하는 정치인 리스트에서 그분의 이름을 지워버렸어요. 이분은 안 되겠구나. 하태경 의원도 그렇고. 그러니까 국민의힘 내에서 개표 조작설과 싸우고 탄핵의 강을 건너야 한다고 주장했던 합리적인 사람들까지 그 물결에 올라타버리니, 원. 이게 지금 보수의 상황이고, 그 상황은 위기인 거죠.

안철수 　여성가족부뿐만 아니라 통일부 없애자고 주장하는 분들도 있던데, 헌법을 안 읽어본 것 같아요. 우리 헌법에는 한반도 및 부속도서가 다 우리 영토잖아요. 그런데 외교부는 다른 국가들과의 관계를 다루는 부서이니, 헌법에 따르면 북한과의 관계와 통일 업무는 외교부가 아닌 통일부가 다뤄야 하는 게 헌법 정신 아니에요?

진중권 　북한을 아예 다른 나라로 인정하고 통일을 포기하겠다는 얘기인데, 이는 적어도 현재로서는 헌법과 충돌하는 위헌적 발상이죠. 포퓰리즘에 편승할 게 아니라, 젊은층과 보수층의 분노 중에서도 합리적인 핵심을 골라서 정책으로 빚어내야 하는데, 정서적 분노에 편승해 말도 안 되는 정책들을 내놓

　　　　　　　　　　　　　　　　　　　Ⅰ. 바른 공동체 대한민국

는 거예요. 통일부 폐지, 여성가족부 폐지. 이를 '작은 정부론'으로 정당화하는데, 여성부의 예산은 전체 예산의 겨우 0.2%, 그거 없애면서 무슨 작은 정부를 하겠다는 건지 한심한 거죠. 이런 것들 딱 보면서 '이 사람들 정치해서는 안 되겠구나'라고 생각했어요. 이쪽도 포퓰리즘, 저쪽도 포퓰리즘, 요즘 책임을 가진 정치인들이 보이지 않아요.

안철수   소위 진보나 보수라고 주장하는 세력 모두 이미지 조작에만 능하고 포퓰리즘에 편승하며 생색내는 거예요. 저는 우리나라는 진정한 이념 정당이 없다고 생각해요. 그리고 그나마 가진 이념들도 모두 다 옛날 70~80년대의 화석화된 이념들이죠. 이념은 시대의 변화를 적극적으로 수용하면서 변하는 것인데, 우리나라에서는 아직도 옛날 산업화 시대의 사고에 머물러 있으니 어떻게 21세기 대한민국의 문제를 풀 수 있겠어요?

또 하나 제가 우리나라 기득권 거대 양당에 대해서 정말 문제라고 생각하는 것은 말과 행동이 너무 다르다는 거예요. 그러니까 진보에서 정말로 중요하게 생각하는 가치는 평등이고 그 기반은 공정인데, 말로는 평등을 계속 외치면서도 실제로 하고 있는 행동들은 완전히 공정을 파괴하고 불평등을 조장하는 행동들만 하고 있지 않습니까?

보수도 마찬가지예요. 보수에서 가장 중요하게 생각하는 가치가 자유인데, 실제로는 정권을 잡으면 기업과 개인의 자유를 빼앗아요. 자기들이 내세우는 가장 중심적인 가치조차 행동으로 지키지 않는 정당들은 정말 이건 위선 정도가 아니고 이념을 팔아 장사하는 사기꾼 이익집단 아닌가 생각합니다. 정당이 아니라 이익집단들끼리 서로 권력이라는 이권을 가지고 다투는 모양이니까, 우리나라 정치가 삼류를 못 벗어나고 이 모양 이 꼴인 것 같고요. 이념이 발전되고 풍부해져야 하는 데 도그마화되고 화석화된 정도를 벗어나 이제는 더 과거로, 과거로 거꾸로 가는 것 같아요.

진중권 보수 정권도 결국 집권하면 복지 정책 해야 하고, 통일 정책도 해야 되거든요. 얼마 전 홍준표 의원과 대담을 한 번 했는데 답이 안 나오더라고요. 모든 정책이 과거로 회귀하는 거예요. 로스쿨 제도가 문제가 있다, 그러니까 사시 부활하자. 어떤 문제들이 있어서 로스쿨 제도가 도입됐지만, 이 제도가 운영에 문제를 드러낸 거잖아요. 물론 조국 일가처럼 그 문제를 악용하는 이들도 있죠. 그렇다면 그걸 막아야 하는데, 그게 아니라 아예 제도 자체를 없애 옛날로 돌아가자는 건 대안이라고 할 수 없죠. '핵공유'도 그렇죠. 미국이 미쳤나요? 그 사람들과 핵을 공유하게. 핵공유를 하자는 얘기는 한반도 비핵화의 과제를 사실상 포기하자는 얘기잖아요. 이 역시 남한에 핵이 배치되어 있던 아득한 옛날로 돌아가자는 얘기. 이준석, 하태경, 유승민 등 나름 개혁 보수란 이들까지 이 짓을 하고 있고, 능력주의니 뭐니 해가며 2030

남자라는 특정한 인구 집단에 편승하고 있어요. 당내 경선에서는 그들의 표가 절대적이니까. 그걸 보니 '이 당은 답이 없다'는 생각이 드는 거죠. 그렇다면 윤석열 후보라도 잘해야 되는데, 윤석열 캠프에서 지금 설득력 있는 모습을 못 보여주고 있고요.

안철수 로스쿨 문제의 경우에는, 우리나라가 워낙 기회의 사다리가 다 차단돼서 거기에 대해서 절망한 사람들이 다시 사시 부활이라도 해달라고 주장하는 거잖아요. 그런데 다시 과거로 돌아가는 건 저도 반대입니다. 다만 대안으로 한 해 뽑을 전체 변호사 정원 중에 로스쿨 출신과 별도로 일정 비율을 할당해서, 로스쿨을 나오지 않더라도 자격시험을 통과하면 로스쿨 졸업생과 똑같이 변호사 시험을 볼 수 있게 하는 방식을 제안하고 싶어요. 그런 식으로 가는 게 기회의 사다리를 복원하는, 좀 더 발전된 방식 아닌가요?

진중권 저는 괜찮게 생각하고요. 공정하게 뽑힌다면 그건 한시적으로는 괜찮을 것 같거든요. 요구하는 사람들도 있으니까요. 하지만 장기적으로는 새로 도입된 제도가 그 취지에 맞게 제대로 운영되게 하는 게 정답이죠. 이 사회에서 신분 상승의 상징이 의전원과 법전원이잖아요.

안철수 지금 남아 있는 의전원은 두 곳인데, 모두 의대로 전환해야 한다고 생각해요.

진중권 조국 전 법무장관이 아들은 법전원, 딸은 의전원 보내려고 했죠. 전형적인 강남의 욕망이잖아요. 보내는 방식도 특이하죠. 모든 스펙을 위조했잖아요. 그걸로 합격을 했어요. 여기에 대한 청년층의 분노가 제도에 대한 불신으로 이어지는 것은 당연한 일이죠. 하지만 그렇다고 그냥 없애자는 게 대안이 될까요? 선발의 과정에 대한 사회적 감시를 강화하고, 특정 인구 집단이 과잉 대표되는 일이 없게 해야죠. 이미 인프라가 깔려 있는 상태이고, 여기서 사법 고시로 돌아가면, 다시 고시 낭인들이 양산되는 등 여러 가지 문제가 생기잖아요.

안철수 로스쿨 입학생 선발 기준들을 계속 감시하고, 장학금 제도도 좀 더 활성화해서 가정 형편이 어려운 사람들도 로스쿨 다닐 수 있게 해야겠죠.

진중권 또 한편으로는 출신 성분 체크를 해야 하거든요. 독일 같은 경우는 대학에 다니거나 졸업한 이들을 '아카데미커'라고 하는데, 그들 중에서 블루 컬러 출신이 어느 정도인지 관찰하거든요. 우리도 그런 걸 해야 될 것 같습니다. 로스쿨 입학에서 특정한 지역의 특정한 집단이 과잉 대표되는 것은 공정하지 못하다는 얘기이니까요.

안철수 소수자 배려 정책의 일환으로 계층별 포용 정책이 실현되어야 할 것 같습니다.

진중권 인재가 특정 집단에서만 뽑히는 것은 사실 자본주의 시장경
제에 위배되는 것이거든요. 예컨대 5,000만 인구 중에 선발
된 사람하고 강남에 사는 50만 명 중에 선발된 사람하고는
100대 1의 차이가 있는 거잖아요. 경쟁이 자본주의 시장경
제의 미덕이라고 한다면, 특정 계층의 독점은 그 미덕을 현
저히 해치는 일이 되거든요.

안철수 정치인이나 오피니언 리더들이 솔직하게 이런 점들을 MZ세
대에게 설명해야 할 것 같아요. 능력주의를 믿고 있지만 지
나친 능력만능주의 때문에 자기가 스스로 피해자가 될 수도
있는 사람들에게, 능력주의의 폐해와 다른 방법으로 효과를
얻고 있는 나라들의 실제 사례를 바탕으로 설득을 해야 할
것 같아요.

진중권 경쟁이라는 게 플러스섬 게임이 돼야 하는데, 능력주의는
이 사회를 극소수의 위너와 대다수의 루저로 갈라놓아요.
경쟁의 결과가 사회를 생산적이고 효율적으로 만드는 게 아
니라, 외려 신분제를 강하게 고착시켜버리는 거죠.

안철수 사회를 더 '낮게' 만드는 게 아니고 더 '낮게' 만드는 거예요.
(웃음)

진중권 낮게 만들어버리는데, MZ세대는 너무 당연하게 생각하죠.

안철수 그러니까요. 다른 방법이 없다고 생각해서 저러는 건 아닐까요? 즉 우리 사회가 구조 변화를 만들어낼 힘이 없다고 생각하기 때문에, 현재의 구조에서 공정한 규칙이라도 지켜지길 바라기 때문 아닐까요?

진중권 그렇죠. 사실 시험이라는 게 그날의 컨디션에 따라 잘 볼 수도 있고, 망칠 수도 있고, 점점 더 출생과 같은 굉장히 우연한 사회적 조건들에 의해서 좌우되는 경향이 있는데, 그 시험 한 번으로 인생의 너무나 많은 것들이 결정돼버리니까. 올바른 대안으로 젊은 사람들을 설득을 해서 함께 문제를 해결하는 방향으로 나아가야 하는데, 그냥 감정적으로 선동만 해대니 문제죠. 선동은 힘이 강해요. 선동은 한마디로 되지만, 그 선동이 틀렸다는 걸 증명하려면 책 한 권을 써야되거든요. 그런데 정치인들이 그걸 이용해먹고 있으니, 그것도 꽤 합리적이라고 생각했던 사람들까지 그 짓을 하는 걸보니, 뭐 답이 안 나오더라고요.

안철수 그게 SNS의 추천 기능이 발달하면서 더 강화된 것 같아요. 요즘 세대는 사실 뉴스도 SNS로 보고, 유튜브 알고리즘에서 추천하는 동영상만 계속 보다보면 자기가 가졌던 생각을 더 강화시켜 확증 편향에 빠지는 것 같습니다.

진중권 알고리즘 때문에 '종족화' 현상이 나타나는 거죠. 쉽게 말하면 흔히들 '집단 지성' 얘기를 하는데, 집단 지성이 작동하려면 집단 안의 사람들이 다 독립적 개인으로서 개별적인 생각들을 해야 합니다. 그래야 그 집단 지성이 올바른 결과를 낼 수 있죠. 반면 집단이 등질화되어 한쪽으로 편향이 돼 있으면, 집단의 결정이 항상 오답을 낸다고 합니다. 근데 지금이 그런 상태인 거 같아요. 종족화 현상. 그러니까 유튜브를 하나 보면 비슷한 것들이 계속 추천돼서 저도 그렇더라고요, 한일 관계가 문제가 있을 때 하나를 보니 나중에는 국뽕 콘텐츠의 채널만 나오더라고요. 그거 몇 개 보고 나니 나까지도 국뽕에 물들어, 괜히 우리나라가 자랑스럽고 일본이 미워지더라고요.

알고리즘에 따라 계속 그런 것만 추천되니까 그 신념에 배치되는 콘텐츠들에 대해서는 굉장한 거부감을 갖게 돼요. 그러니 계속 낡은 신념에 맞는 얘기들만 골라서 보게 되고, 그 결과 생각은 더 굳어지고, 그런 사람들하고만 소통하다 보면 허위도 어느새 진리가 되거든요. 그 결과 현실하고는 완전히 동떨어진 세계에 살게 되죠. 그게 대깨문 현상입니다. 심지어 법원에서 판결을 내줘도 대깨문들은 기존의 믿음을 못 버리잖아요.

안철수   광신도가 종말론 믿는 거와 비슷한 현상이겠죠.

진중권   광신도 종말론. 그게 일종의 종교 집단, 사이비 종교 집단이 되고 만 거죠. 옛날에는 누군가 거짓말을 했다가 나중에 들통 나면 본인은 사과와 반성을 하고, 사람들은 그것을 비난했잖아요. 이제는 그렇지가 않아요. 김어준이 마구 음모론 펼쳤잖아요. 세월호 음모론, 문재인 정부에서 조사해도 아무 것도 나온 게 없어요. 그럼에도 불구하고 김어준은 사과를 안 해요. 그의 시청자나 청취자들도 그에게 사과를 요구하지 않아요. 거기다 돈 내고 펀딩했던 사람들은 실은 사기당한 거잖아요. 그래도 항의하지 않습니다. 사이비 종교와 비슷한 현상이죠.

사이비 종교에서는 사기를 친 교주를 구속하면 오히려 피해자들이 교주를 옹호하고 나서잖아요. 신도들은 진실을 알고 싶어 하지 않아요. 그들은 거짓말로 하도 세뇌가 되어서 그런지 자신들의 믿음을 유지하고 싶어 하죠. 요즘은 언론도 그 분위기에 편승하는 것 같아요. 언론이 일종의 서비스업이 됐어요. 그러니까 보도가 일종의 문화 콘텐츠가 됐습니다.

대중, 특히 정치적으로 과몰입한 대중은 언론을 통해 진실과 사실을 알고 싶어 하지 않아요. 김어준이 거짓말을 하다가 들통이 나도 '그래, 물론 네 말은 거짓말로 드러났지만, 그래도 너는 내가 그때 듣고 싶어 한 얘기를 들려줬어. 앞으로도 계속 후원할게.' 자기들이 좋아하는 문화적 콘텐츠를 제공해줬다고, 오히려 후원을 해요. 문제는 이것이 한 사회의 국가 공동체를 운영하는 정치에 영향을 끼친다는 데에 있습니다. 지금 집권 여당의 의원들이 김어준 방송에 나가

I. 바른 공동체 대한민국

성은을 입기를 바라잖아요.

안철수   현 정부의 중요한 국정 철학 중 하나가 '의혹은 규명되지 말고 계속되어야 한다'는 말도 있죠. 김어준 아버님 장례식 때 빈소 주변에 설치된 60여 개의 조기들도 대부분 여권 인사들이 보낸 것이었다고 하더라고요.

진중권   이게 도대체 뭐 하는 짓들인지….

5. 델타변이 같은 좌파 포퓰리즘

진중권 정권 교체에 대한 국민들의 염원은 여전히 높게 나타나고 있습니다. 50% 이상이에요. 그런데 지금 제1야당에서는 당 대표와 후보들이 싸우고 있어서 지지자들이 많이 실망한 상태인 것 같습니다. 이걸 어떻게 해야 되나 이런 생각도 들고요. 향후 그림을 어떻게 그리시는지 궁금합니다. 그래도 정권은 교체해야 될 것 아닙니까. 워낙 많은 잘못을 했으니까. 게다가 여당의 후보로 지목되는 이들, 예를 들어 이재명 후보를 보면 이 운동권 정권의 문제점들이 개선되기보다는 오히려 더 악화되고 강화될 것처럼 보이거든요. 원희룡 후보는 '문재인 정권의 델타변이'라고 부르던데요. (웃음)

안철수 진짜로 기존의 코로나19 바이러스보다 더 강력해진 델타변이라는 표현이 맞는 거 같습니다.

진중권   게다가 남총련도 올라오고, 박원순 전 서울시장 밑에 있던 사람들이 다 그리로 옮겨간 모양입니다. 여의도의 정치 낭인들, 운동권의 정치 낭인들이 있거든요. 그 사람들이 다 이재명 쪽에 붙어 있어서, 앞으로 '윤미향 사태' 같은 게 계속 터질지도 모릅니다.

안철수   그럼 정말 델타변이처럼 더 최악인데요.

진중권   최악이고요. 게다가 후보 자신은 포퓰리스트거든요. 기본소득이니 기본주택이니 기본대출이니, 공약을 낸 것을 보면 시장 원리에 대한 이해가 결여된 운동권의 정치 슬로건에 가깝습니다. 이명박 전 대통령에 이어서 '정말 공약을 지킬까봐' 걱정되는 후보가 또 나타난 거죠. (웃음) 게다가 리더십도 갈등을 조정하고 통합하는 스타일과는 거리가 멉니다. 워낙 포퓰리스트라서 항상 지탄받는 소수를 적으로 지목해서 공격을 하고, 그 공격에서 나오는 쾌감으로 대중에게 감정적 시원함을 선사하는 방식이거든요. 그런 식으로 지지자를 얻어내니, 문재인 정권의 '갈라치기 정치'가 완화되기는커녕 아마 더 극단화할 우려가 있습니다.

안철수   미국 대통령은 트럼프라도 견제를 많이 받아 나라가 유지되는데, 우리나라는 제왕적 대통령제라서 더 문제입니다. 미국 대통령은 상하원 양원의 견제와 독립된 주들의 견제를 동시에 받고 있거든요.

진중권 트럼프의 좌파 버전이죠. 지금 이 정권의 문제점은 다 드러난 것 같습니다. 유럽의 68세대나 우리나라의 87세대나 모두 운동권이잖아요. 68세대는 정치권에 진입을 해서 분명하게 성과를 냈습니다. 권위주의를 무너뜨렸잖아요.

안철수 유럽의 68세대는 실패했지만 진짜 세상을 많이 진전시켜서 사실상 성공한 셈이죠.

진중권 68세대는 실패했지만 성공했어요. 68세대는 정치적으로는 실패했지만 문화적으로 성공을 했고, 그래서 실제로 삶을 많이 바꿔놨단 말이죠. 유학 중에 들은 얘기인데, 독일에서도 옛날에는 집에 여자 친구가 오면 방문을 열어놨대요. '우리 그거 안 한다'는 것을 보여주려고요. 지금 생각하면 우습죠. 학교에서도 교수들이 다 정장을 입었대요. 68 이후로는 교수들도 티셔츠 입고 강단에 서게 됐죠. 68혁명은 이렇게 사회를 자유롭고 분방하게 만든 공이 있죠.

그런데 한국의 87세대는 집단주의 세력이거든요. 그 폐해가 지금 나타난 것 같습니다. 개인주의도 없고, 자유주의에 대한 이해 자체가 없어요. 한때 운동권은 독재 정권에 대해 상대적 진보성을 가졌지만, 이게 1987년 이후 사회가 민주화

I. 바른 공동체 대한민국

되면서 외려 시민 사회의 이성과 상식에 미달하는 집단이 돼버린 것 같아요. 그게 이번 정권을 통해서 나타나고 있는 거죠.

그럼에도 불구하고 여전히 '자기들이 대중을 이끈다'는 선민의식에 빠져 있어서 잘못을 해도 절대 인정하지 못하고, 자기들이 잘못한 게 아니라 세상이 잘못됐다고 말하죠. 자신들이 아니라, 그 잘못을 보도한 언론이 잘못됐고, 그걸 수사한 검찰이 잘못됐고, 거기에 유죄를 선고한 법원이 잘못됐다고 우기는 거죠. 그래서 그 사람들은 자기들이 잘못할 때마다 항상 새로운 개혁 과제를 갖게 돼요.

검찰 개혁 얘기하다가, 재판에서 유죄가 나오면 사법 개혁을 떠들죠. "재판부도 신성불가침은 아니다"라며 성명서를 내요. 결국 신성불가침한 건 자기들밖에 없단 얘기죠. 지금은 열심히 언론 개혁을 떠들고 있죠. 집권 내내 이런 식의 상식 이하의 행동만 해왔습니다. 이번엔 대표님께서 현 정부를 한번 평가해주시죠.

안철수   문재인 정부를 이끄는 핵심들은 민주주의에 대한 기본 개념이 없는 사람들이에요. 어떻게 민주화 운동을 한 사람들이 민주주의자가 아닐까? 사실 잘 이해가 안 되죠. 그런데 "밖으로는 파시즘과 싸우면서 내면으로는 파시즘을 키웠다"는 통찰을 본적이 있습니다. 반대를 위한 반대를 하면서, 누구를 반대하는 것이 그 사람들의 삶의 방식이 된 것 아닌가 싶습니다. 함석헌 선생님께서 그러셨죠. "혁명이 실패하는 이유는 혁명을 하려는 사람이 스스로 혁명되지 않고 혁명을 하기 때문이다." 이와 같은 맥락이겠죠.

민주주의가 여러 가지로 불완전한 제도임에도 불구하고 그래도 중요한 이유는 '서로 생각이 다른 사람끼리 함께 살아가는 지혜'를 발휘하는 제도라는 점일 거예요. 지금까지 인류가 만든 사회 제도 중에서 민주주의는 그래도 바람직한 방향으로 가고 있는 제도라고 생각해요. 그런데 정부 여당 핵심들의 사고방식은 생각이 다른 사람은 생각이 '다르다'가 아니고 생각이 '틀리다'라며 적으로 생각합니다. 비록 반독재 투쟁을 했다지만, 그 과정에서 독재자들을 닮아 전체주의자가 된 것 같아요. 똑같은 생각을 강요하니까요.

그들은 이미 권력의 핵심으로 등극한 지 오래이고, 투쟁의 시대를 지나 국민 통합과 미래로 발전하기 위해 새로운 방향을 제시하고 국민들을 이끌어가야 하는 위치에 있다는 점을 자각해야만 해요. 더 이상 과거만 들춰내며 적을 만들어 내고 국민들 편 가르고 분열시키며, 민주주의를 무너뜨려서는 안 됩니다.

진중권 사실 80년대 운동권은 자유민주주의 자체를 우습게 보는 경향이 있었어요. 자유민주주의는 부르주아 체제라는 거죠.

I. 바른 공동체 대한민국

운동권의 주축인 NL(민족해방파)은 물론 PD(민중민주파)도 그런 생각들을 갖고 있었어요. 그래서 지금도 자기들이 자유민주주의 시스템 위에 있다고 생각하는 거예요. 그 사람들은 법치 시스템보다 더 중요한 가치가 있다고 믿어요. 그것이 바로 혁명이고, 요즘은 조금 완화해서 '개혁'이라 부르죠. 그래서 법을 누구나 존중해야 할 규칙이 아니라, 자기들이 말하는 개혁이나 혁명을 위한 수단으로 간주합니다. 물론 자기들은 그 위에 서 있고요. 한마디로 자신들을 일종의 제헌적 권력으로 이해하는 겁니다. '현행법을 지켜야 된다'가 아니라 그 법률도 자기들이 믿는 대의에 따라서 심판해야 한다고 생각하는 거죠. 그러다보니까 자기들이 법원에서 유죄를 받아도 법이 잘못된 것이고 판사가 잘못된 거라고 말하는 거죠.

안철수 법 위의 지배주의자들이네요.

진중권 그렇죠. 이 초법적 통치가 전형적인 운동권 멘탈리티입니다. 원래 자유민주주의하에서 '정치'란 가치관, 도덕관, 이해관계가 다른 사람들이 그럼에도 불구하고 더불어 살아가는 길을 찾아내는 기술입니다. 그러나 운동권 이 사람들은 그렇게 생각하지 않습니다. 자기들이 생각하는 '선'이 있고, 그 밖에 악이 있어, 자기들이 그 악을 제압하는 것이 정치라고 생각합니다. 그러다보니 법이니 뭐니 하는 모든 가치를 수단화하게 되죠. 한때 진보적이었던 민주화 운동이 더 이상 진보적이지 않게 된 겁니다. 지금은 그들이 권력이 되고, 기득권이 되었죠. 그러면서 자기들의 기득권을 지키는 데에 옛날 독재 정권과 싸울 때의 수사법을 사용해요. 자신들의 기득권을 옹호하고 세습까지 해주는 것을, 무슨 기득권에 저항하는 투쟁으로 치장해요. 이들의 위선과 '내로남불'은 바로 거기서 나오는 겁니다.

6. 87년체제와 진보의 위기

안철수   제가 말씀드리고 싶은 것 중의 하나가 586세대에 대한 비판에 대해섭니다. 저도 586세대이지만, 대부분 586세대 사람들은 사회 각 분야에서 열심히 일해서 나름대로의 전문성을 가지고 묵묵하게 우리나라를 여기까지 만들어온 사람들입니다. 운동권에 속해 있던 사람들 중에서도 대부분 사람들은 지금도 순수성을 간직하고 있고, 지금도 사회에서 자기 역할을 하는 분들입니다. 다만 정치권에 진출해 있는 극소수의 운동권 출신 586들의 내로남불 문제가 모든 세대들로부터 공분을 자아내고 있는 것이죠. 586세대 입장에서는, 우리 세대의 대표가 운동권 586 정치인들이 아니라고 생각합니다.

참, 이 정권을 한마디로 무능과 위선의 정권, 무능과 부패의 정권이라고 하는데, 혹시 드라마 〈빈센조〉 보셨어요?

진중권 아직 못 봤네요, 제가 드라마하고 소설을 잘 안 봅니다.

안철수 드라마 주인공 빈센조는 한국계 이탈리아 마피아예요. 어릴 때 이탈리아로 입양돼서 마피아 변호사가 됐어요. 그 사람이 드라마 중간에 그러는 거예요. "부패한 사람은 자신에게는 유능하고 다른 사람에게는 무능하다." 이 대사가 확 와닿았거든요. 현 정권 핵심들을 보면 부동산 정책 폭망하면서 무주택 서민들과 주거 빈곤층이 된 청년들에게는 무능했지만, 그 기회에 자기들 재산은 막 불렸잖아요. 대장동 게이트도 마찬가지고요.

저는 우리나라에서 양당제가 계속되면 우리의 미래는 없는 것 같아요. 미국의 양당제는 주 단위의 지방자치가 워낙 발달해서 연방제가 양당제의 폐해를 보완하는 역할을 하고 있다고 들었어요. 영국 같은 경우는 피 흘리고 싸워온 의회의 역사가 너무나도 길어서 단점을 보완하는 노하우가 많이 쌓여 있죠. 그러나 우리나라는 워낙 짧은 역사의 민주주의하에서 양당제를 하다보니, 양당제의 폐해가 세계에서 가장 크게 나타나는 나라 아닌가 싶어요.

진중권 박정희와 같은 장기 집권을 막자는 취지로 만들어진 것이

87년체제죠. 그게 그때는 의미가 있었을지 몰라도, 이제는 우리 사회가 너무 성장해 그 작은 옷에 갇혀 있을 수 없는 상태가 되었어요. 하지만 거대 양당은 거기서 기득권을 누리기에, 낡은 87년체제를 고집하는 상황이죠. 이제 그 얘기를 해야 될 것 같아요. 다당제 문제. 탄핵 전만 해도 4당체제였잖아요. 그때에는 각 정당들의 이합집산이 일어나면서요.

안철수 20대 국회는 국민의당이 교섭단체가 되어 다당제가 되면서, 대화와 타협이 가능한 정치가 됐어요.

진중권 그런데 이제는 정치란 게 보이지 않아요. 특히 여당이 180석을 차지한 이후에는 정치가 아예 사라져버렸어요. 국회가 그냥 수로 몰아붙이는 곳이 됐어요. 예를 들어, 임대차3법 같은 경우도 토론 한 번 없이 통과가 되니, 법안 심의 과정 속에서 걸러져야 할 것들이 걸러지지 않았고, 그 결과 심각한 부작용들이 생겼잖아요.

안철수 저는 민주주의를 구성하고 있는 가장 중요한 축 중의 하나가 시민사회단체라고 생각해요. 원래 시민사회단체는 국민들의 편에서 정부를 견제하는 것 아닙니까. 그런데 우리나라의 시민사회단체가 문재인 정부 들어서 하는 걸 보고 실망을 넘어 완전히 좌절했어요. 그전 보수 정권에서는 시민사회단체가 역할을 잘한다고 생각했어요. 그런데 진보 정권의 부패와 비리도 잘못된 건 잘못된 거잖아요. 그런데 시민사회단체가 진보 정권의 잘못된 것은 오히려 감싸는 이중 잣대를 가지면서, 우리사회의 소금이 되어야 할 시민사회단체가 사라져버리고 말았어요. 시민사회단체를 뜻하는 NGO가 'Non-governmental organization', 즉 비정부기구가 아니라, 'Near-governmental organization', 즉 친정부기구가 되어버렸죠. 그 부분은 교수님이 더 잘 아실 거예요.

진중권 사실 지금 진보는 위기입니다. 일단 학생운동 자체가 없어졌지 않습니까. 지금 대학가에서 유일한 이슈는 총여학생회를 없애자는 것입니다. 노동운동은 여전히 노조 조직률이 낮은 데다가, 그나마 대기업 중심이고요. 대기업 노조는 기득권화돼서 비정규직 노동자들의 기회를 빼앗고, 비정규직 노동자들을 착취해 그 성과를 사용자와 나눠 먹는 현상까지 나타나고 있습니다.

안철수 하청 업체들까지 착취를 하는 구조죠.

진중권 단체 협약에 자기 자식들한테 정규직 자리를 물려주자는 조항까지 넣은 데도 있다고 들었고. 노동운동도 사실 끝났어요. 그러면 남은 게 시민운동인데, 그마저도 타락을 했죠. 참여연대는 문재인 정부 실정에 대해서는 거의 침묵해왔거든요. 이번에 LH 사건 때 겨우 한 건 하긴 했는데, 그때 저는 뭐라고 생각했냐면 '얘들 갑자기 왜 이래? 약 먹었나?' 그랬거든요. (웃음) 시민단체가 당연한 일 한 건데, 그걸 외려 이상하게 여기게 된 거죠. 심지어 음모론까지 나왔습니다. '이 배후에 뭐가 있다. 심지어는 민주당의 모 후보가 같은 당의 모 후보를 날리려고 일부러 흘린 거다.' 또 하나 대표적인 시민단체가 민언련인데, 여긴 이미 오래전에 기득권화되어버렸죠. 민언련 출신 최민희 의원이 조국 사태 때 한 일을 보세요. 기가 막힙니다. 이번에도 언론 개혁 운운하며 징벌적 손해배상제를 추진하잖아요. 언론 자유를 위해 싸우던 시민단체가 권력의 편에 서서 언론 자유를 억압하는 어용 단체로 전락한 거죠.

안철수   시민사회단체가 어떻게 그렇게 타락하고 바뀌게 된 걸까요?

진중권   이른바 검찰 개혁의 과정에서 권력을 위해 완장차고 설치던 모든 사람들이 민변 출신이었습니다. 한동훈 음해와 같은 공작 사건도 민변 출신 변호사들이 중심이 되어 만들어낸 겁니다. 또 위안부 문제를 다뤄온 정대협을 보세요. 윤미향 의원의 공소장을 보니, 세상에, 단체 계좌에서 자기 딸 계좌로 돈을 빼돌려요. 그때 위안부 할머니들을 직접 돌봐주던 분이 스스로 목숨을 끊었잖아요. 그게 감추고 싶은 비밀이 있다는 얘기거든요.

지금 보면 경기도 등 지자체들 장악을 해서 옛날의 운동권 출신들이 태양광 사업들을 하면서 먹고 튀어버린 이런 사태로 다 망가져버렸죠. 그래서 학생운동은 아예 존재하지 않고, 노동운동은 저렇게 기득권화하고, 시민단체는 타락해서 뭐랄까 떡고물이나 받아먹는 이상한 존재가 돼버렸어요. 쉽게 말하면 시민사회와 지자체 사이에 야합이 이루어지는 대표적인 예가 이재명 전 경기도지사예요. 경기도관광공사 사장으로 황교익 씨가 내정됐다는 소식을 듣고 얼마나 황당하던지, 형수 욕설 이해한다고 경기도 산하 기관장에 데려다 앉혀요. 이재명 후보가 당선되면 이런 일이 전국적 범위로 이뤄질 겁니다. 앞날이 빤히 보이죠.

안철수   시민사회를 복구하지 않으면, 우리나라 민주주의가 제대로 설 수 없을 텐데 복구가 가능할죠?

진중권   시민사회가 너무 망가져서요.

안철수   김경율 회계사 같은 분이 경제민주주의21을 만들어서 그나마 지키고 있고, 경실련 등 몇 개가 있긴 하죠.

진중권   경제민주주의21 하나 있고요. 권력과 싸우던 시민단체가 김대중 정권 거치면서 서서히 권력과 유착하기 시작했거든요. 그때만 해도 시민단체가 자기들의 정책적 이상을 가지고 정치권에 들어가 실현시키는 경향이 강했죠. 노무현 정권 이후도 마찬가지고요. 그 과정에서 서서히 권력과 유착하게 된 거죠. 그러다가 정권이 넘어가 10년을 굶주렸는데 이번에 정권을 되찾으니, 지금 완전 게걸스럽게 해먹는 거죠.

안철수 외국, 특히 독일 같은 경우에서는 시민단체가 정부 보조금 받는 예가 있습니까?

진중권 들어보지 못했습니다. 시민단체는 기본적으로는 시민들의 자발적 후원으로 운영하죠.

안철수 그것 없애야 되지 않나요? 사실 자발적인 시민들이나 조건 없는 기업의 기부 같은 것으로 운영되어야 하지 않을까요? 그래야 정부 눈치 안 보고 시민 편에서 비판을 할 수 있죠.

진중권 그렇죠. 그렇게 돼야 하는 데요. 사실 단체 자체를 지원하는 보조금은 많지 않을 겁니다. 지원이 일종의 사업 개념으로 이루어지죠. 그런데 대상자 선정이 공정하게 이루어지는 게 아니라 자기들끼리 나눠 먹는 식이죠. 예를 들어, 태양광 사업이라고 하면 갑자기 말도 안 되는 단체들이 쭉 만들어져 사업을 따먹어요. 사실 사업 능력도 없는 운동권들이 알음알음으로 해먹는 거죠.

안철수 그것도 우리나라가 아니라 중국에서 수입한 자재와 부품들이죠.

진중권 조국 사태의 발단도 가로등 점멸기 사업이었죠? 그게 성공했으면 권력형 비리가 될 뻔했는데, 조국 전 장관에게는 다행히도, 실패를 했죠. 그런데 실패한 이유가 뭐냐면 사업자

등록증이 없어서래요. (웃음) 사업자등록증도 없는 이들이 공공기관으로부터 사업을 따냈다는 겁니다. 그게 어떻게 가능했겠어요? 그래서 우국환이라는 사람이 자기가 해보려고 들어왔다가 거액을 떼인 거죠, 아마추어한테. 그런데 이 사람이 뭘 보고 들어갔겠습니까? 조범동은 전문가도 아니고 신용 불량자였거든요. 당연히 조국 전 장관을 보고 들어간 거죠. 조 전 장관은 자기는 이 일에 대해 전혀 몰랐다고 하지만 생각을 해보세요. 세상에, 아내가 남편도 모르게 남편의 5촌 조카한테 10억이 넘는 돈을 준다는 게 말이 됩니까.

그게 이런 사건이거든요. 판결문을 보니까 그 얘기가 나오더라고요. '적극적으로 그 일에 가담하지는 않았더라도 남편의 지위를 이용해 그런 일들이 벌어지는 것을 묵인하고 용인하고 기대했다.' 도처에서 이런 일들이 비일비재하게 일어나고 있습니다. 여기저기 우후죽순처럼 생겨난 시민단체들이 운동권 연줄을 이용해 지원금 따먹는 부패 사슬이 돼버렸어요. 은수미 성남시장은 심지어 조폭하고도 연결돼 있잖습니까. 그 자리가 사실 이재명 전 성남시장한테 물려받은 거잖아요. 성남, 그다음에 경기도, 그가 대통령이 되면 이게 전국으로 확산될 겁니다.

I. 바른 공동체 대한민국

7. 권력 기관의 사유화와 형해화

안철수   저도 지난 대선 때 공수처 공약을 했거든요? 근데 현 정부의 공수처는 반대합니다. 이름은 똑같이 공수처지만 사실은 동명이인이어서요. 이름만 같고 내용은 전혀 달라요. 제가 원래 공약했던 공수처에서 가장 중요하게 생각했던 것이 공수처의 정치적 중립과 인사권의 독립이었어요. 대통령이 자기 사람 심는 인사권을 행사하지 못하게 하는 것이죠. 그다음으로 중요한 것이, 견제 시스템입니다. 권력이 집중되고 견제받지 못하는 권력은 항상 부패하기 마련이니까요. 절대 권력은 절대 부패한다는 말도 있잖아요?

         검찰 개혁 자체에 대해서도 저는 찬성합니다. 하지만 문재인 정부의 검찰 개혁은 검찰 개혁이 아니라, 검찰을 권력의 말을 잘 듣는 애완견으로 만든 것에 불과해요. 검경수사권 조정도 다시 해야 될 거 같아요. 꼭 이상적인 건 아니지만, 미국의 검찰과 경찰의 역할 분담 구조가 바람직해 보입니다. 권한을 나눠서 수사권은 경찰이, 기소권은 검찰이 가지게 하는 방향이 맞다고 생각해요. 그래야 서로 견제가 가능하거든요. 지금은 걱정이 되는 게 이미 권력을 너무나 많이 가져가버린 경찰의 개혁입니다. 검찰 개혁보다 더 어려울 수 있기 때문이죠. 지금 잘못 꿰어진 검경수사권 조정의 폐해가 오래 갈 것 같아서 걱정입니다.

진중권 애초에 검찰 개혁은 일반 국민들이 일상적으로 당하는 인권 침해나 인권 유린을 없애기 위해서 하는 거라고 했죠. 이런 거에서 출발하는 게 아니라 노무현 대통령의 죽음에서 출발한 거고 이게 원한의 정치예요. 노무현 대통령이 있었고 그다음에 한명숙 전 총리 이런 사람들이고, 사실은 자기들 권력 엘리트들의 문제로 출발한 거예요. 일반 국민들은 검찰 가서 인권 유린 안 당하거든요. 대개 경찰서에서 당하잖아요. 거의 모든 사건들이요.

안철수 일반 국민들이 검찰 갈 일은 거의 없죠.

진중권 그러니까 조사는 경찰에서 다 하고, 검찰에서는 기소만 당하는 건데요. 그간에 억울하게 살인 누명 쓴 사람들 보면, 모두 경찰에서 고문을 당했어요. 그 일을 당하도고 돈 없고 힘없는 사람들이라 재판에서는 변호사도 하나 못 쓴 거예요. 그래서 국선 썼다가 패소해 20년씩 살다가 나오지 않았습니까. 게다가 경찰은 검찰과 달리 비정치적이냐? 그것도 아니거든요. 황운하 같은 사람 보세요. 선거에 개입한 헌정 파괴범이 외려 그 공으로 국회의원까지 됐잖아요. 이른바 '정보 경찰'들은 아직도 정치적으로 장난을 많이 칩니다.

안철수 경찰 12만 5,000명 중 정보 경찰만 3,000명 정도가 되는데, 검사는 전체가 2,000명 정도입니다.

진중권 사실 경찰이 굉장히 비대해요. 또 하나는 수사 능력입니다. 제가 사모펀드에 대해 김경율 회계사와 권경애 변호사에게 며칠 과외를 받았는데, 그래도 잘 모르겠더라고요. 페이퍼 컴퍼니 만들어 이 돈 이리 빼서 저리로 옮기고, 거기서 다른 곳으로 옮기고… 이렇게 몇 단계 거치면 저는 따라가지를 못하겠더라고요. 권경애 변호사가 그런 얘기를 하더라고요. 경찰 교육을 나가보면 경찰들이 법을 잘 모른대요. 사건에 어떤 법을 어떻게 적용해야 하는지 이해가 많이 떨어져 절망스러웠다고 하더군요.

게다가 지금 한국 사회는 산업자본주의에서 금융자본주의로 넘어갔잖아요. 옛날에 산업자본주의 시대에는 사기를 쳐도 건물이나 현금의 형태로 흔적이 실물로 남았거든요. 그런데 금융 범죄는 아예 물리적 흔적이 없어요. 돈이 추상적 숫자로 계좌들 사이에서 돌고 돌다가 어디론가 사라지는 거죠. 범죄 수법은 날로 고도화되고 과연 경찰이 당장 이를 따라잡을 수 있겠느냐는 거죠. 결국 수사에 공백이 생겨버리고, 그 피해는 고스란히 국민이 떠안게 되죠. 특히 대형 범죄는 항상 정치권력을 끼고 하는데, 증권범죄합수단을 폐지해버렸잖아요. 그래서 그 부분이 지금 공백으로 남았죠.

그리고 공수처라는 것을 만들었는데, 사실 저는 공수처가 출범했을 때 '저건 나쁜 짓을 하거나, 아니면 아무 일도 못할 거다'라고 예측했죠. 1호 사건 대상자가 조희연 교육감이래요. 고작 이런 거나 수사하려고 만든 건지, 대체 뭐하러 만들었는지 모르겠어요. 아무튼 '검수완박' 외침 속에 수사권에 공백이 생겼으니, 이제 비리가 사라질 겁니다. 적어도 우리 눈에는요.

안철수 특히 첨단 금융 범죄는 대응을 못할 가능성이 큽니다.

진중권 피해자가 계속 나올 겁니다. 사람들이 평생 모은 돈을 좀 굴려보려다 날리는 사태가 계속 벌어질 텐데, 그걸 잡을 수 없는 상황이 돼버린 거죠. 다른 한편으로 황운하가 보여준 모범(?)이 있죠. 정권에 협력하니 국회의원 시켜주네? 심지어 현직인데도 출마가 가능하네? 이렇게 경찰이 정치화되면, 경찰의 선거 개입이나 정치 개입이 일상화하겠죠. 걱정스럽습니다.

Ⅰ. 바른 공동체 대한민국

사실 검찰 개혁의 요체는 두 가지였잖아요. 하나는 '이쪽저쪽 공정하게 칼을 대라', 근데 이건 이미 물 건너갔어요. 이제 살아 있는 권력에는 손을 못 대게 됐죠. 옵티머스 수사는 흐지부지됐지만, 야당 후보 부인의 10년 전 사건은 엄청나게 뒤지고 있잖아요.

다른 하나는 '적법 절차를 준수하는 인권 수사를 하라.' 이것도 물 건너갔죠. 정치적 이유에서 말도 안 되는 옛날 사건들 끄집어내어 대대적으로 무리한 수사를 하잖아요. 심지어 정치 공작을 벌이다가 독직 폭행까지 저질렀잖아요. 무리한 수사는 자기들이 다 하고 있어요. 채널A 사건은 본 사건의 재판에서 무죄가 나왔는데, 지금 한동훈 검사 무혐의 처분은 결재를 안 해주잖아요. 검찰 개혁은 철저히 실패했죠.

안철수 우리나라에서 다른 나라에 비해 유독 많은 범죄가 사기 범죄 아닙니까? 다른 중범죄는 OECD 국가 평균보다 모두 낮은데, 사기 범죄율은 OECD 국가들 중 압도적으로 1위입니다. 더구나 요즘은 사기범죄가 개인 대 개인이 아니라, 수많은 피해자를 양산하는 금융 범죄로 진화되고 있지 않습니까? 그런데도 옛날 산업화시대의 화이트 컬러 범죄와 비슷하게 생각해서인지, 사기 범죄에 대한 형량이 낮아요. 지금 피해자들은 옛날에 몇 명의 곗돈 떼어먹는 수준이 아니라, 만 명, 십만 명 단위로 커지고 있지 않습니까?

진중권 몇 백 억, 몇 천 억, 몇 조 원.

안철수 범죄자들은 두 가지를 생각해보고 범죄를 저지를지 판단한
다고 해요. 하나는 내가 잡힐 확률이 어느 정도 되는지, 그리
고 또 하나는 해먹는 돈의 크기와 벌의 크기를 비교해보는
게 범죄자의 심리일 텐데요. 우리나라 같은 경우는 잡힐 확
률이 옛날보다 더 낮아졌어요. 범죄자들이 첨단 수법을 동
원해서 빠른 속도로 범행을 저지르다보니 감시하기 역부족
인 거죠. 게다가 남부지검에 있었던 금융범죄합동수사단까
지 폐지하는 바람에 더 마음 놓고 날뛰게 된 거죠. 또 잡힌
다 해도 형량이 너무 낮아서, 예를 들어 잡혀도 2년만 살고
나오면 수십 억을 챙길 수 있다면 오히려 금융 범죄를 부추
기는 꼴이죠.

선진국에서는 실패해도 재기할 수 있지만 평판을 잃으면 그
업계에서 발을 못 붙여요. 그런데 우리나라에서는 실패하면
신용 불량자가 되어 재기하기 힘들지만 평판을 잃어도 활동
하는 데 아무런 지장이 없어요. 이런 문화가 바뀌지 않는 한
우리의 미래는 암울합니다.

진중권 그렇죠, 그게 맞죠. 한국은 거꾸로예요. 사기꾼들은 계속 다
시 나오고요.

안철수 그런 이야기를 한 이유는 2000년대 초반에 악명 높았던 금

융 범죄자의 이름이 조국 사태 때 또 나오는 거예요. 그러니까 수십 년 전에 사기 쳐서 해먹은 놈들이 지금도 똑같이 안 잡히고 해먹고 있는 거예요. 이런 게 우리의 후진적인 면을 단적으로 보여주는 거죠. 우리나라는 통계나 겉보기만 선진국으로 가고 있지, 속은 아직도 후진적인 시스템인 거 같아요.

진중권 미국에서는 경제 범죄의 형량이 세잖아요. 형량이 10년, 20년, 어떤 경우에는 아예 종신형이죠.

안철수 종신형보다 더 하죠, 몇 백 년 형량 때리는 경우도 있으니까. (웃음)

진중권 미국에서는 몇 백 년 때리는 범죄도 한국에서는 고작 몇 년. 재벌의 경우에는 가석방이 가능하도록 형량을 2년 6개월에 맞춰주죠. 행여 실형을 살려도 얼마 지나지 않아 규정까지 바꿔가며 가석방 해주잖아요. 부패 구조를 외려 권장하는 시스템들이니 사회가 썩을 수밖에 없죠.

안철수 그리고 감옥에서 나오면 백만장자가 되고요.

8. 문재인 정부의 연성파시즘화

진중권 보수층에서는 지금 집권하고 있는 이들을 '주사파'라 공격하는데, 그건 아니거든요. 진짜 주사파는 이석기 전 의원 같은 사람들입니다. 민주당의 586은 노동운동과 사회운동을 일찍 떠났습니다. 이들은 운동 경력을 자산 삼아 정치권력을 탐하는 사람들이지, 이른바 주사파가 가진 정치적 목표를 공유하거나 실현하기 위해 노력하는 사람들이 아닙니다. 정치권의 전대협 세대는 굉장히 세속적이에요, 그들의 욕망은 내가 의원 되고, 시장 되고, 대통령 되고, 우리 식구 잘 먹고 잘살고, 동지들과 잘 나눠먹는 데에 있습니다.

차라리 그런 면에서는 이석기 전 의원은 존경스러워요. 그릇된 신념이지만 자기의 이념과 가치를, 순수하게(?) 추구하잖아요. 물론 칭찬하자는 건 아닙니다. 거기도 사이비 종교 비슷해서 그걸 떠나면 생활이 안 되거든요. 일종의 경제 블록이 됐고, 그 블록이 지자체랑 연결되는 겁니다. 그걸 떠나면 먹고살 수가 없죠. 왜냐하면 그 사람들은 이미 경제권에 진입할 나이가 지났거든요. 민주당 사람들이 좀 큰 걸 먹는다면, 이분들은 거기서 떨어진 떡고물을 먹는 구조로 결합돼 있는 상태라고 보고요.

보수층에서는 민주당의 586들을 자꾸 주사파, 주사파라고 공격하는데 그렇지 않아요. 과거에는 주사파였을지 몰라도 이미 20년 전에 운동을 떠났거든요. 그다음에 몇 번 선거를 통해 국민의 선택을 받았다면, 주사파 경력은 끝난 걸로 봐야죠. 다만 문제가 있다면, 이 사람들의 사고방식이 그 후에 반성 없이 그냥 그대로 남아 있다는 겁니다. 80년대 운동권 시절 우리는 자유민주주의라는 것을 부르주아 사상이라고 우습게 봤어요. 보수의 국가주의 못지않게 거기에 저항한 민족주의도 실은 집단주의거든요.

안철수 맞습니다. 우파는 국가주의적 집단주의, 좌파는 민족주의적 집단주의에서 유사전체주의로 나아갔다고 봐요.

진중권 보수와 진보 모두 자유주의에 대한 관념 자체가 굉장히 약했던 거죠. 운동권 시절 혁명을 외치던 그들이 지금은 개혁을 외쳐요. 이 사람들 보면 개혁 중독이잖아요. 개혁이란 단어가 일종의 마약이 되어버렸어요. 개혁을 안 하면 금단 현상을 겪게 되죠. 아니, 법을 만들면 그냥 "입법을 했습니다"고 하면 되지 꼭 거기에 '개혁'이라는 말을 붙이잖아요.

안철수　근데 본질을 살펴보면 다 '개혁'이 아닌 '개악'이죠.

진중권　그렇죠, 개악인데 그걸 개혁이라고 부르는 거죠. 그게 다 정치적 정당성을 획득하기 위한 제스처입니다. 그 바탕에는 '우리는 개혁의 주체이고 나머지는 다 개혁 대상이야'라는 의식이 깔려 있죠. 그 선민의식이 남아서 실은 자신들의 기득권을 추구함에도 불구하고 머릿속으로는 숭고한 혁명을 하고 있다고 착각하는 거죠. 그 멘탈리티에 사로잡혀 자꾸 법치의 시스템을 무너뜨리게 되는 겁니다.

　혁명이란 게 원래 그렇잖아요, 헌법은 처음부터 합법적으로 만들어지지 않거든요. 헌법은 혁명이나 쿠데타와 같은 폭력에 근거해서 만들어진단 말이죠. 그러니까 자기들은 항상 제헌적 권력이기 때문에 법률 따위는 우습게 생각하는 거예요. 그래서 자꾸 국가 시스템을 망가뜨리는 일들을 계속하는 거죠. 조국의 부인 정경심 전 교수가 유죄 판결을 받으니까 급기야 "법원도 신성불가침이 아니다"라고 하잖아요. 삼권분립을 부정하는 용감한 발언들을 국회의원들이 해요.

안철수　법원에 사법권을 주면 안 된다고 주장했죠. (웃음)

진중권   법원에 사법권을 주면 안 된다는 상상을 초월하는 발상이죠.

안철수   상상할 수 없는 수준이에요.

진중권   이른바 연성독재 현상이죠. 이게 대깨문과 결합하면서 연성
        파시즘 현상이 나타난 겁니다. 소수자들, 이견을 내는 사람
        들을 쫓아다니면서 집단 따돌림을 통해 공격을 하는 현상
        들 말입니다. 그러니까 이분들의 정신적 기반은 아직도 민중
        민주주의예요. 한국의 민주주의가 노무현 정권에서 발전의
        정점을 찍은 후 이 정권 들어와 급속히 퇴보하게 된 거죠.

안철수   그래도 노무현 대통령은 권위주의를 청산하기 위해 노력하
        셨죠.

진중권   그때가 최고점이었던 것 같습니다, 한국 민주주의의 역사를
        보면 역대 진보나 보수 정권이 나름대로 업적들이 있었거든
        요. 그런데 노무현 정권 이후로는 사실 다 퇴보하고 있어요.

안철수   저는 노무현 대통령이 지지층의 반대보다 국가의 미래를 생
        각해서 실용적으로 한미FTA를 추진하고 제주해군기지를
        만든 것은 높이 평가해요.

진중권   지금은 진짜 답이 없는데… 이제 그런 시대는 지난 것 같습
        니다. 한국 정치의 가장 큰 문제가 그겁니다. 몸이 자라면

옷을 갈아입어야 되는데 옷이 아직도 87년체제예요. 장기 집권을 막는 걸 목적으로 만들어진 시스템인데, 그 자체가 지금은 한국 정치의 상황과 전혀 맞지 않아요. 그러다보니 유권자들의 니즈를 충족시키지 못하게 되고, 그래서 매번 대선 때마다 반복적으로 제3후보가 등장하는 겁니다. 그러다가 낡은 시스템의 한계 때문에 좌절하고, 그 현상들이 지금도 반복되고 있는 거죠.

이제 소선거구제를 독일식 정당명부 비례대표제로 바꿔야 해요. 그다음에 대통령제를 바꿀 수 없다면 말씀하신 것처럼 결선투표제를 둬야 해요. 왜냐하면 선거 막판에 이르면 늘 제3후보가 공격을 받거든요. 이쪽저쪽으로부터 단일화의 압박을 받는 거죠. 그러니 공정한 경쟁이 되겠습니까.

사람들은 선거가 닥치면 '저쪽은 이번에 반드시 무너뜨려야 된다'고 생각해요. 그러니 지지율이 깡패가 되죠. 즉, 후보에 대한 질적인 평가를 하기보다 지지율이라는 양적 지표만 가지고 평가하는 사태가 계속 반복되는 겁니다. 이 두 가지가 과제인데, 국회의원들이 제 지역구가 걸려 있으니 그들에게 정치 개혁을 기대할 수는 없죠.

자꾸 검찰 탓을 하는데, 검찰이 정치 검찰이 되는 것은 이용하는 권력이 있기 때문이죠. 그다음에 역대 대통령들이 불행해진 것은 대통령의 권한이 너무 커서 어디까지인지 불분명하기 때문으로 보여요. 그 경계가 불분명하니 자꾸 그것을 넘게 되고, 정권이 바뀌면 그게 빌미가 되어 매번 대통령들이 감옥에 가는 사태들이 벌어지는 거죠. 그러니 대통령의 권한을 축소하고 분산하는 한편, 권한의 한계들을 좀 명확히 해둬야 이 불행을 막을 수 있다, 이런 생각을 가지고 있습니다.

사실은 검찰이 제왕적 권력을 휘두르는 게 아니거든요. 검찰은 한쪽 손바닥일 뿐, 마주쳐주는 권력 쪽이 있기에 박수 소리가 나는 거죠. 그래서 대통령의 제왕적 권력을 해체하지 않는 이상은 검찰 개혁도 어려워요. 이번 검찰 개혁도 결국 그렇게 됐잖아요. 정권의 충견이 되어 정적을 집요하게 공격하고, 제 사람들은 다 풀어주고 있잖아요. 어느 조직이든 간에 권력에 빌붙으려는 기회주의자들은 늘 있기 마련이거든요. '검찰의 폐해는 결국은 제왕적 대통령제의 폐해다'라고 생각해요.

안철수 그전에도 말했지만, 결국은 '게임의 룰'이 사람들의 결정에 영향을 가장 크게 미치는 거 같아요. 같은 민주주의 제도라고 해도 대통령이나 국회의원 선거 제도가 어떻게 되느냐에 따라서 사람들이 판단을 하거든요. 우리나라처럼 승자독식 게임의 룰 상황에서는 기득권 양당들이 거의 모든 것을 가져가게 되죠.

국회의원 선거 제도는 민심의 분포와 국회의석 분포가 같아야 되는 거예요. 그런데 우리나라는 그러지 못하다 보니까 기득권 양당은 과대대표 되고, 소수 정당은 과소대표 되는 게 제일 문제점 아닙니까? 그걸 제일 뼈저리게 느끼고 있는 게 우리 국민의당하고 정의당이겠죠. (웃음)

지난 10년간 항상 피해를 제일 많이 당했으니까요. 그래서 지난 2020년 총선에서 독일식 정당명부 비례대표제 같은 걸 도입하려고 했는데, 또다시 기득권 양당이 위성정당을 만드는 편법을 쓰면서 완전히 민심을 왜곡시켜버렸죠. 지난 총선에서 기득권 양당이 위성정당을 만든 건 전 세계 민주주의 역사상 정말 부끄러운 일이에요. 곧 대선과 지방선거가 끝나면 다음 총선을 맞이하는데, 과연 잘못되고 편법이 난무했던 선거 제도를 제대로 바꿀 수 있을지가 정말로 걱정됩니다.

그래서 제일 바람직하기로는 정말 민심의 비율대로 국회 구성이 될 수 있는 독일식 연동형 비례대표제를 원안대로 도입하거나, 한 선거구에서 3명 이상의 국회의원을 뽑는 중대선거구를 도입하는 것이죠. 그래야만 다당제가 존속되고, 다당제가 존재할 때만이 대화와 타협의 진짜 정치가 이루어질 겁니다. 양당제 정치는 거대 양당의 적대적 공존일 뿐 정치가 아니라고 다시 한 번 말씀드리고 싶어요.

진중권 소선거구제 문제는 정말 심각한 수준이고요. 우리나라 제왕적 대통령제도 이제 개혁할 때가 된 거 같습니다.

안철수 여기서 말씀드리고 싶은 것은, 우리나라 대통령제와 미국 대통령제는 이름만 같은 대통령제지 완전히 다르다는 점이에요. 미국의 대통령은 행정권력(executive power)만으로 대통령의 권한을 행사합니다. 그러면서도 상하 양원의 견제를 받고, 또 연방제이기 때문에 여러 주지사들의 견제를 받으며 대통령직을 수행합니다. 거기다가 국회 당론이라는 게 없다 보니까 야당 국회의원도 대통령이 국익에 부합하게 직접 설득해서 특정 사안에 대해서는 찬성하게 만들 수도 있는 구조죠. 그래서 더 대통령이 의회와 소통을 하게 되고 균형을 맞추는 거 같아요.

반면에 우리나라 대통령의 권한을 한번 살펴보면 집행권말고 4개가 더 있는 거예요. 우선은 인사권, 국회가 동의 안해도 장관 인사를 할 수 있어요. 예산권, 국회에서 예산안을 만드는 게 아니라 행정부에서 만들고, 국회에서는 대폭 바꾸고 싶어도 구체적 자료가 없으니까 불가능하죠. 국회가 더 개선된 예산안을 만들 능력이 안 되니까 예산권도 사실상 대통령이 행사하는 셈입니다. 그다음에 우리나라는 행정부에서 입법까지도 가능한 나라이고요. 그다음에 감사권, 감사원이 행정부 소속이니까 대통령의 권한 아래 있어요. 이 4가지 권한이 미국 같으면 전부 의회 소속인데 우리나라는 5개 권력을 다 가지고 있으니까 말만 대통령이지 왕을 뽑는 사실상 선출직 왕정 국가인 거 같아요. 그래서 이런 우리의 기형적인 제왕적 대통령제를 고치지 않으면 도저히 지금까지의 폐해가 사라지지 않을 거 같아요.

게다가 국회도 행정부를 견제하기는커녕 강제 당론으로 대통령 말을 듣는 구조예요. 그래서 어처구니없게도 지난 총선 때 보면 여당 국회의원 후보들이 대통령을 보호하기 위해 선거에 나왔다고 홍보하잖아요. 이건 민주주의와 삼권분립의 개념 자체가 없는 겁니다. 국회의 임무는 행정부 견제인데, 대통령 보호하겠다는 사람이 국회의원이 되는 세상이니까요.

진중권 　권력 구조를 어떻게 바꿔야 할까요?

안철수 　'어떻게' 바꿀 것인지가 중요하죠. 거칠게 보면 크게 세 가지 방안이 지금 나와 있지 않습니까? 첫째는 아예 내각제로 바꾸자, 둘째는 총리는 국회에서 뽑고 대통령은 국민이 뽑는 이원집정부제로 가자, 셋째는 임기 4년의 대통령 중임제로 가는 안입니다. 이 중에서만 보자면 저는 모두 아닌 것 같아요.

우선 내각제가 가능할까요? 지금 국민들의 국회에 대한 신뢰도가 대통령보다도 훨씬 낮기 때문에 국민들이 절대로 찬성할 리 만무합니다. 그리고 만약에 찬성하더라도 더 걱정되는 것은, 지금 상태에서 의원내각제로 간다면 양당제하에서 의원내각제가 되는 셈인데, 그건 최악의 조합이라고 봐요. 만약에 정말로 제대로 작동하는 의원내각제를 만들려고 한다면, 다당제가 가능한 국회의원 선거 제도를 만드는 것이 먼저입니다. 그다음에 국회가 국민들의 신뢰를 얻고 나서 서로 합의하고 타협하고 대화하는 국회 문화를 정착한 이후에야, 국민들이 설득될 수 있을 겁니다. 그런데 정말로 최악은 기득권 양당 체제하에서 지금 당장 내각책임제로 가는 겁니다. 그렇게 되면 양당 중진의원들이 다 해먹겠다는 소리거든요. 그건 나라 망하는 길이라고 보는 입장입니다.

그다음에 이원집정부제도 반대입니다. 지금 같은 상태에서 만일 대통령이 야권에서 나오고 총리가 여당 쪽에서 예를 들어 이재명이 나오면 거의 최악의 상태가 될 거 같은데요. 허구한 날 대통령하고 총리가 싸우느라고 세월 다 보내고, 아마 지금 이준석 대표와 윤석열 후보가 당 내에서 싸우는 거보다 더 심각할 거 같거든요.

그렇다고 지금 그대로의 제왕적 대통령제를 유지하면서 4년 중임제로 간다는 것은 대통령 임기를 8년으로 늘리는 거하고 똑같아요. 현 대통령이 모든 수단과 권력을 동원해서 재선하려고 할 테니, 사실상 임기를 8년으로 늘리는 결과밖에는 안 될 거 아니겠어요?

따라서 제가 생각하는 안은 제왕적 대통령의 권한을 축소시키는 겁니다. 예를 들면 대통령이 가진 5대 권한 중 행정권만 남기고 입법권과 예산권, 인사권을 국회에 주고, 감사원은 독립 기관으로 만드는 거죠. 이런 시스템이 어느 정도 정착된 후에야 임기 4년 대통령의 중임제를 생각해 볼 수가 있겠죠. 이게 대통령제 권력 구조를 어떻게 바꾸는 것이 좋은가에 대한 제 생각입니다.

9. 언론중재법과 민주주의의 위기

진중권   언론중재법도 마찬가지입니다. 이 사람들 상식도 없고 논리
도 없고 말도 안 통하고 그냥 힘으로 밀어붙이려고 하잖아
요. 그게 다 반자유주의, 유사 전체주의적 사고방식에 완전
히 젖어 있기 때문입니다. 그리고 국가 권력의 사유화, 머릿
속에 이 두 가지밖에 없는 게 아닌가 싶어요. 만드는 법마다
반자유주의적, 전체주의적이잖아요. 대북전단금지법, 언론중
재법, 또 뭐가 있죠?

안철수   윤미향보호법(일제하 일본군위안부 피해자에 대한 보호·지
원법) 등의 법들이 언론의 자유, 표현의 자유 등을 억압하는
전체주의적인 사고방식의 산물인 것 같고요. 그리고 운동권
셀프 특혜법인 민주유공자예우법, 공공의전원 입학 심사에

시민단체가 참여하는 것 등도 시리즈물로 일관되기는 하네요. 그런데 민주화운동을 했던 사람들이 전체주의적인 사고방식을 가진 건 도대체 어떻게 이해를 해야 합니까? 저는 도저히 이해가 안 돼서요.

진중권 70년대에 민주화운동을 한 사람들하고, 5.18 민주화운동 이후에 운동을 한 사람들이 좀 다른 것 같아요. 70년대까지만 해도 민주화의 모델은 미국이었죠. 그래서 운동 가요들도 다 미국 것입니다. 〈와서 모여 함께 하나가 되자(We Shall Not Be Moved)〉든지, 〈우리 승리하리라(We Shall Overcome)〉든지, 미국의 운동 가요를 번역한 것이었죠. 그런데 5.18 민주화운동 이후에 운동권이 급진화하면서 자유민주주의를 버리고 민중민주주의를 채택합니다. NL의 경우 북한이 모델이었고, PD의 경우는 소비에트가 모델이었죠.

5.18 민주화운동 당시 미국의 배반에 대한 분노와 실망이 바로 자유주의 체제에 대한 실망과 불신으로 이어진 거죠. 그래서 자유민주주의를 아예 부르주아 사상으로 배척하고는 아예 공부를 안 했어요. 결국 중고교 다닐 때에는 이른바 '한국식 민주주의', 즉 박정희식 국가주의를 배우고, 대학와서는 좌익 민족주의를 배운 거죠. 국가주의든 민족주의든, 둘 다 자유주의가 아니라 집단주의 위에 서 있다는 점에서는 한 가지죠.

가주의적 세계관과 민족주의적 이념의 세례를 받으며 자란 지라, 운동권 출신들은 아무리 얘기해도 못 알아듣는 부분이 있어요. 아예 머릿속에 자유주의가 입력되어 있지 않으니까요. 삼권 분립과 같은 자유주의의 기본 원칙들, 명확성의 원칙, 비례의 원칙 등 근대 사법 제도에 대한 이해 자체가 아예 없어요. 그래서 문제죠. 자유주의 정치의 요체가 뭡니까? 생각과 사상, 가치관과 이해관계를 달리 하는 사람들이 그럼에도 불구하고 공동체에 모여 함께 살아가는 길을 찾아내는 거 아닙니까?

안철수 그게 바로 민주주의의 기본 원리죠.

진중권 그런데 운동권 출신 정치 세력들은 항상 '우리는 선이고, 저쪽에 악의 세력이 있다, 우리의 의지를 적들에게 강요하는 게 정치다'라고 생각해요. 그래서 저런 일들이 벌어지는 거죠. 그 대표적 인물이 이재명 후보예요. 이분은 사회적 지탄을 받는 소수를 빌미로, 그 소수가 속한 집단 전체를 악마화하기를 좋아하죠. 그게 의사 집단이든 기자 집단이든 아니면 검찰이든요. 이들 소수에 대한 국민들의 불만을 선동해서 힘으로 제압하고, 이를 자신에 대한 지지로 연결시키는 거죠. 언론중재법도 그중 하나입니다. 언론인 중에는 다수의 건전한 언론인과 소수의 몰지각한 언론인들이 있는데, 기자 집단 전체를 악마화하는 거죠.

안철수   의사들도 다양한 스펙트럼이 존재하기는 마찬가지입니다. 모든 직업군이 다 마찬가지 같은데요.

진중권   의사 집단에서 내놓는 합리적 비판이나 반론조차 기득권 옹호로 몰아붙여 합리적 토론을 못하게 하고요. 예를 들어, 수술실 CCTV 설치법의 경우 이 제도가 도입되면 의사들이 처벌이 두려워 공격적인 치료를 못하게 됩니다. 그러면 살릴 수 있는 환자도 못 살리게 되죠. 그 손해는 결국 국민들한테 돌아가고, 정치적 이득은 자기들이 취하는 거예요.

안철수   문재인 대통령이 당 대표 시절에 일대일로 둘이서만 이야기를 한 적이 있었어요. 그런데 당시 문재인 대표가 저보고 왜 그쪽에 있냐고 갑자기 뜬금없이 물어봐서, 그게 무슨 말이냐고 반문한 적이 있어요. 자기들은 구태 호남 정치인들로 가득 찬 썩은 민주당을 개혁하려고 들어온 거래요. 그런데 정치를 개혁하겠다는 제가 왜 그쪽에 있냐고 그러더라고요. 그래서 친문들 중에 개혁적인 사람도 있지만 완전히 반개혁적이고 수구적인 사람도 있고, 호남 쪽 의원들도 마찬가지니까, 당 대표가 되셨으면 출신과 상관없이 어느 쪽이든 개혁적인 사람들을 다 모아서 당 개혁을 하시라고 이야기한 적이 있었어요. 그런데 전혀 이해를 못하는 것 같더라고요. 그분 머릿속에 우리는 천사, 반대쪽은 악마라는 생각이 변하지 않는 것 같아요. 이런 생각이 현 민주당 핵심들과 광적인 지지자들이 가지고 있는 공통적인 생각이 아닌가 싶어요.

         I. 바른 공동체 대한민국

진중권 아무래도 문재인 대통령은 정치 세력을 갖고 있지 않았고, 원래 정치할 생각도 없었잖아요. 그러다가 불려 나오다보니 지금 친노 세력에 실려 있는 것 같아요. 물론 친노-친문 세력도 한때는 진보적이었다고 생각합니다. 문제는 말씀하신 것처럼 세상을 적과 아로 갈라 치는 겁니다. 그 폐해가 극명하게 나타나고 있는데, 대통령이 지금 상황을 통제하지 못하는 것 같습니다. 조국 사태 이전에는 그래도 문 대통령이 그 정도의 상식은 있다고 생각했거든요. 듣자하니 실제로 조국 임명에도 반대했다고 해요. 그런데 결국은 임명하잖아요. 친노-친문 세력에게 얹혀 있다는 얘기죠. 지금 언론중재법도 청와대에서는 부담스러워하잖아요.

안철수 아침 신문을 보니 그런 신호를 보냈다고는 하는데, 명백하게 언론중재법에 대해 반대하는지는 불분명해 보입니다.

진중권 명확한 메시지를 못 내놓잖아요. 사실 대통령을 바지사장으로 만들었어요. 친문으로 변신한 옛날 친노 세력이 사실상의 통치를 하고요.

안철수 결국 언론중재법이 통과된다면 대통령의 거부권 행사 여부가 리트머스 시험지가 될 것 같아요. 문제는 대통령이 여러 다른 문제에 대해서는 꼬치꼬치 다 간섭하면서도 오히려 언론중재법에 대해서는 직접 말을 안 하고 있잖아요. 그리고 청와대에서는 반대 입장을 당에 전달했다고 나와 있는데,

만일 언론중재법이 통과된다면 대통령이 서명을 해야지 발효가 되는 것 아니에요? 대통령의 서명은 완전히 자기 생각이나 자기 책임에 의해서 하는 것이니까, 만약 대통령 스스로가 언론중재법 개정안이 옳지 않다고 생각한다면 거부권을 행사하면 되는 거 아닌가요?

진중권   그런데 제가 볼 때는 그걸 못할 것 같습니다. 대통령에게 그런 철학이 없는 거 같고요. 그냥 친노-친문 세력에 얹혀 있는 것 같고요. 아예 철학이 없는 것 같아요. 제가 계속 지적하지 않았습니까. 이른바 '대통령직의 윤리적 기능'이라는 게 있거든요.

안철수   대통령의 철학과 윤리적 기능 측면에서 퇴행한 거 같습니다.

진중권   어떤 논문을 읽다가 그 말을 발견했는데 이렇게 국론이 분열되어 있을 때 윤리적으로 어떤 것이 올바른가? 정치적으로 어떤 것이 올바른가? 그 판단을 대통령이 내려줘야 하는데, 그 시간에 항상 대통령은 없어요. 이분이 사과를 할 때도 보면 자기가 한 행위는 절대 사과하지 않아요. 꼭 전 정권이 한 일을 대신 사과하는 식이죠. 이번에도 전 정권 일에 대해 국정원이 사과했잖아요.

안철수   아니면 유체이탈 하며 부하들 야단치거나요.

진중권 이제까지 기본적인 윤리적 기능을 방기해왔으니, 이번에도 법이 통과되면 서명할 거 같아요. 그리고 이재명이 되면 더 할 겁니다.

안철수 이재명 후보는 포퓰리스트적인 자기 세계관이 확고하게 서 있는 사람으로 보여서 더 나쁜 방향으로 대응할 것 같아 걱정입니다.

진중권 아예 생각이 나쁜 방향으로 그렇게 되어 있죠. 델타변이라서 내뿜는 독성이 한 300배쯤은 될 겁니다. 이분이 대통령이 되면 무서울 겁니다. 국민들 갈라 치고 선동하고… 이것밖에 모르는 사람이라서 나라 꼴이 볼 만할 겁니다.

안철수 그렇다고 야권에서 뚜렷하게 제대로 비판하는 사람도 안 보이고요.

진중권 윤석열 후보 같은 경우는 철회를 하기는 했지만 언론 장악의 상징과도 같은 이진숙 전 기자를 데려다가 언론특보에 임명한 적이 있죠. 그걸 딱 보고는 참다못해서 페이스북에서 이건 '최악의 인선'이라고 비판했죠. 멀쩡했던 MBC 기자들이 형편없이 망가진 게 MB 정권의 언론 장악 때문이었거든요. 그때 당했던 트라우마… 이 사람들은 정권 바뀌면 자기들이 죽는다고 생각해요. 그래서 정권에 목숨 바쳐 충성하다가 저렇게 망가져버린 거죠. 그런데 MB 언론 장악의 상징과도 같은 게 이진숙인데요. 이 사람을 데려다가 언론특보를 시킨다니 앞으로 뭘 하겠다는 건지, 대체 이분이 생각이 있는 건지, 이런 생각이 들더라고요.

어쨌든 지금 문재인 정권 사람들이 많이 당황했을 겁니다. 왜냐하면 뭔가 뒤집혔거든요. 옛날에는 국민의힘 쪽 사람들이 반민주적, 반인권적 법률을 억지로 밀어붙이려 했고, 이쪽 시민사회단체들, 학회들, 세계 여론이 그들을 포위했거든요. 그런데 지금은 반대로 문재인 정권 사람들이 그 짓을 하다가 포위당해버렸죠. 국내외 언론 단체는 물론이고 유엔 인권이사회(Human Rights Council) 의사·표현의 자유 특별보고관까지 반대 서한을 보내지 않았습니까.

안철수 한겨레, 경향도 눈치를 보다가 나중에서야 언론중재법 반대로 돌아서기는 했죠.

진중권 한겨레, 경향은 여론의 눈치 보다가 싹 돌아서셨죠. 원래 언론중재법을 주장하는 칼럼니스트들의 글을 실어주다가, 지금 분위기가 아니다 싶으니 슬쩍 발을 빼는 형국입니다.

안철수 어쨌든 일단은 국회에서 통과되는 것을 막기에 최대한 노력을 다하고, 그래도 통과된다면 대통령이 거부권을 행사하라고 요구하고, 그래도 대통령이 서명을 한다면 헌법소원하고, 그리고 대선 후보 공약으로 '이거 반드시 바로잡겠다'고 하는 등 끝까지 가야죠. 나라의 기본 중의 기본이 무너지는 것을 막는 일이니까요.

진중권 이건 기본적으로 위헌이거든요. 이 문제를 헌법재판소로 가져가면 설사 헌법재판관들이 친정권 인사들로 채워져 있다 해도 그들 또한 법관이기에 법리에 따라 판단할 겁니다. 그럼 위헌이 나올 수밖에 없고요. 지금 세계신문협회, 국제언론인협회, 서울외신기자클럽에서까지 반대하고 나섰는데, 재미있는 해프닝이 일어났지 않습니까. '언론중재법 적용 대상에 외신 기자도 포함되느냐?'고 질의하자, 문체부에서 자기들도 모른다고 하잖아요.

안철수 졸속으로 추진하다보니까 정말 기가 막히는 일들이 벌어지는 거죠.

진중권 판사들은 대부분이 언론중재법은 위헌 결정이 날 거라고 예측하더군요. 이 법이 통과되면 판사마다 판결이 달라질 거랍니다. 그럼 대혼란이 일어나겠죠. 명확성의 원칙을 위반했으니, 결국 유무죄의 판단을 판사 개개인의 주관성에 맡겨버리겠다는 얘기가 되죠. 언론중재법은 명확성의 원칙, 비례의 원칙이라든지, 이중처벌 금지 등 근대 사법의 기본 원칙을 위반하고 있습니다. 그러니 이 법을 허용하게 되면 법체계 자체가 망가지게 됩니다. 그런데 이 사람들은 자기들이 무슨 짓을 했는지도 몰라요. 운동권 출신이라 무식한 거죠.

제가 어제도 썼지만 이렇게 무리해서 만든 나쁜 법안이 나중에 위헌 판정을 받으면, 그 비용의 다섯 배를 무는 징벌적 손해배상제를 여기에 도입해야 해요. 그런 자들은 패가망신하게 만들어줘야죠. 그래야 이런 악법들의 양산을 막을 수 있어요.

안철수 더 기본으로 돌아가서 보자면, 가짜뉴스방지법이라고 하면 당연히 가짜 뉴스가 어디서 많이 생기는지를 먼저 봐야 하지 않겠어요? 그 가짜 뉴스는 대부분이 인터넷 공간에서 유튜브 등 SNS에서 생산되는 거 아닙니까? 언론사는 사실 나름대로의 게이트 키핑 기능도 있고 사실 확인 등 기본적으로 시스템이 돼 있어요.

대부분의 가짜 뉴스 소스를 그냥 놔두고 언론사에만 재갈을 물린다는 것 자체가 너무 의도가 뻔해 보이는 것 같은데요. 독일에 있을 때 보니 네트워크집행법(가짜뉴스방지법)에 따라 최대 5,000만 유로(약 680억 원)의 벌금이 부과되더라고요. 평생 벌어도 갚을 수 없는 정도의 어마어마한 벌금인데, 그 적용 대상이 포털이지 언론사는 아니었어요. 저는 오히려 독일식 가짜뉴스방지법을 벤치마킹할 필요가 있다고 생각합니다.

진중권 그렇게 전도된 사고방식의 대표적인 예가 트럼프 아닙니까? 트럼프는 진짜 뉴스를 가짜 뉴스라 하잖아요. 가짜 뉴스를 진짜 뉴스라 부르면서 언론사하고 싸우는데, 그 현상이 지금 우리나라에서 일어나고 있고요. 실제로 지금까지 나온 대표적인 가짜 뉴스들은 다 자기들이 만들었거든요. 가짜 뉴스는 '김어준의 다스뵈이다'니 뭐니, 친여 어용 매체들이 만들고 있는데, 그런 부분들은 그냥 놔두고 있죠. 그들 머릿속에서는 세상이 물구나무서 있어요. 자기들이 쓰는 가짜 뉴스는 모두 진실이고, 기성 언론이 쓴 기사는 모두 가짜라고 생각해요. 예컨대 요즘 그 동네 사람들 만나면 조국 표창장에 대해 물어보곤 해요. 며칠 전에 노웅래 의원님을 만나서 "'동양대 표창장이 가짜'라는 보도는 진짜 뉴스입니까? 가짜 뉴스입니까?"라고 물었더니, 대답을 못하세요.

안철수 그 의원님도 양심적인 언론인 출신인데 말 못하게 하는 당내 분위기가 정말 안타깝네요.

진중권 판결을 지켜봐야 한다고 발뺌을 하죠. 도대체 확정 판결이 나올 때까지 보도도 하지 말라는 얘기인지. 민주당 대선 후보에게는 계속 그 질문을 던져야 합니다. 대답해보라고요, 아마 대답 못할 겁니다.

안철수 오히려 가짜 뉴스의 중요한 발원지 중 하나가 청와대 같아요. 대통령 발언에서조차 사실하고 다른 걸 계속 이야기하니까요. 얼마 전에도 K애드벤처 행사를 보니까, 대한민국은 추격의 시대를 넘어 추월의 시대를 맞고 있다고 말했어요.

추격형 경제에서 선도형 경제로 나가고 있다고 막 이렇게 이야기하는데 이건 사실과 완전히 반대잖아요. 우리가 추월하는 게 아니고 오히려 중국에 추월당한 분야가 대부분인데요. 오히려 우리가 다 추월했다고 이렇게 자화자찬하더라고요. 완전히 명백한 가짜 뉴스를 대통령이 직접 말해요. 백신 관련된 건 말할 필요도 없어요. 백신 4,000만회 분이 벌써 들어왔어야 되는 건데 계속 끊임없이 거짓말, 거짓말, 거짓말입니다.

진중권 이 사람들이 보면 몇 가지 코드가 좀 있는 것 같아요. 하나는 원한 코드거든요. 언론중재법 얘기하면서 '노무현 대통령 당시 논두렁 시계' 얘기를 소환합니다.

그 사건도 실은 언론보다는 국정원과 검찰의 장난이었죠. 게다가 '논두렁' 얘기가 사태의 본질도 아니잖아요. 어차피 고가의 시계를 받은 건 사실이고 그걸 어디에 버렸는지는 에피소드에 불과한데, 마치 시계를 받은 것 자체가 가짜 뉴스인 것처럼 자기변명을 하며 원한의 정치로 지지자들을 선동하는 거죠. '가짜 뉴스 때문에 노 대통령이 죽었다. 다시는 이런 일 있어선 안 된다. 고로 언론으로부터 문재인 대통령을 지켜야 한다.'
이분들은 항상 자기들의 잘못을 언론 탓으로 돌려요. 조국 전 장관이 잘못했어도 수사한 검찰이 잘못된 거고요, 보도한 언론이 잘못한 거고요, 유죄를 판결한 사법부가 잘못한

I. 바른 공동체 대한민국

거예요. 심지어 국회의원들이 기자 회견을 열어서 '사법부가 신성불가침은 아니다'라고 극언까지 해요. 결국 이들은 잘못을 저지를 때마다 새로 개혁 과제가 생겨요. 언론 개혁, 검찰 개혁, 사법 개혁 등등. 그러니까 허구적 망상으로 자기들 잘못을 변명하고 대중 운동으로 전개하는 방식이죠.

뭐랄까, 정당의 일상적 정치 커뮤니케이션이 아니라 혁명기의 대중 운동이랄까? 항상 허위 정보로 대중을 선동해 감정적으로 흥분시키고, 그 힘으로 상황을 극복하려고 해요. 일종의 '뽕'이에요. '개혁 뽕'이라고 저는 부르는데요. 대중을 항상 정치적 흥분 상태 속에 몰아넣어야 지지율을 유지할 수 있는 거죠. 검찰 개혁을 볼까요? 결국 정경심 전 교수가 1심, 2심 다 유죄 나오고 조국 전 장관의 혐의들도 속속 사실로 밝혀지니까 그쪽 대중이 좌절에 빠졌어요. 그래서 새로운 적을 발명해 새로운 뽕을 주입해야 하는 거죠. 그래서 언론 개혁 등 그 놈의 '개혁 시리즈'가 계속되는 거죠. 결국 인민민주주의적 사고방식이 문제인 거 같습니다.

10. 거대 양당의 문제점과 이념의 화석화

진중권 김대중 대통령을 생각해봅시다. 몇 십 년 동안 빨갱이 소리
를 들으면서도 남북 대화를 해야 한다고 주장하는 철학이
분명한 분이었잖아요. 반공법, 국가보안법 서슬이 퍼런 상황
에서 어떤 방식으로든 가치를 실현하려고 노력했고요.

안철수 진보 정부의 대통령으로 보자면, 노무현 대통령도 지지자들
반대에도 불구하고 실용적 정책들 추진한 점에선 마찬가지
고요.

진중권 노무현 대통령도 마찬가지로 내가 손해를 본다 하더라도 자
기가 생각한 가치를 실현하려고 했어요. 지금 정부 여당 핵
심들은 운동권이거든요. 하지만 당시 운동권이 추구하던 가

치는 사실상 현실에서 사라져버렸잖아요. 왜냐하면 소비에트 사회주의가 좌초하고 북한도 실패 국가로 전락했고, 이렇게 추구하던 이념 자체가 사라지니 결국 이권 집단으로 변질됐어요. 그때그때 자기들 선거 치르는 데에 유리한 것만 추구하는 모리배가 돼버린 거죠.

그런데 그런 걸 모르고 국민들이 오랫동안 착각한 거예요. 우리가 앞에서 얘기했던 언론중재법 같은 반자유주의적인 법들은 김대중-노무현 대통령 때는 상상도 못했던 겁니다. 본인들 스스로가 아직도 자기들이 선이며 개혁 세력이고, 저쪽은 적폐라고 생각해요. 불어로 메코네상스(méconnaissance), 오인 상태에 빠진 거죠. 실은 잡것에 불과한데도 자기들이 숭고하고 위대한 혁명 투사라고 착각하는 거죠.

조국 전 장관이 그걸 아주 정확하게 보여주는 거예요. '현실의 조국'은 정말 허접하잖아요. 물론 사회 지도층에서 자기들끼리 '스펙 품앗이'를 한다는 얘기는 들었어도 표창장과 스펙을 위조한다는 얘기는 못 들었거든요. 그리고 사모펀드, 이게 말이 됩니까? 민주당 사람들은 '원래 누구나 다 그렇게 사는 거 아니야? 그냥 생활 모드(modus vivendi) 아니야? 이게 왜 문제지?' 이렇게 말해요. 그러면서 입으로는 온갖 고상한 얘기들은 다 하죠. 조국 전 장관만큼 극단적이지는 않아도, 이게 민주당 사람들의 일반적 상태라고 생각해요.

안철수   김대중 대통령이나 노무현 대통령은 대통령이 된 다음에는 자기 진영의 자산이 아니라 대한민국의 자산이 되고자 노력했던 분들로 평가하고 싶어요. 그런데 그건 대통령에 도전해서 대통령이 되신 분들이라면 의무잖아요? 정말 상식이자 의무 같은데, 문재인 대통령은 임기 말까지도 진영의 자산에 머무르고 있어요.

저 나름대로 중도에 대해 공부하면서, 국립국어원의 표준국어대사전에서 '중도'를 찾아봤어요. '중도(中道)'란, "어느 한쪽으로 치우치지 아니하는 바른 길"을 뜻하더라고요. 현재 대한민국에서의 '중도실용정치' 내지는 제가 가려고 하는 길의 핵심은 두 가지라고 생각해요. 첫 번째는 우리 사회가 가지고 있는 문제를 해결하고 세상을 변화시키는 것에 집중하는 것이죠. 문제를 제대로 해결할 수 있다면 이게 진보의 이념인지 보수의 이념인지는 중요하지 않거든요. 덩샤오핑의 흑묘백묘론처럼요.

두 번째는 기득권 거대 양당 정치 세력의 폐해를 바로잡는 일이죠. 부패하고 게으른 기득권 정치 세력을 반대하는, 우리나라 국민의 절반에 해당하는 말 없는 다수 국민들이 바라는, 상식과 양심을 대변하는 것이에요. 이러한 정치가 지금 대한민국에 필요한 중도실용정치의 길이라고 할 수 있겠죠. 사실 노태우 대통령이 '보통사람의 시대'라고 하고, 그다음에 김영삼 대통령의 '문민정부', 김대중 대통령의 '국민의정부'에 이르기까지 모두 중도를 지향한 거라고 생각해요. 그리고 김대중 대통령의 인사를 보면 프랑스 마크롱의 내각 인사처럼 했지 않습니까? 아니, 마크롱이 20년 후에 따라 한 거네요. 그러니까 김대중 대통령은 진보 쪽 인재들뿐만 아니라 보수 쪽 인재들도 많이 기용해서 IMF 환란 해결과 벤처붐을 일으키는 등 문제해결에 집중하셨죠.

그에 반해서 현재 기득권 양당이 가진 이념이라는 게 사실은 70~80년대 화석화된 보수와 진보의 이념이잖아요? 정치 이념이라는 게 시대에 따라서 변화·발전하는 거고 다른 나라들은 모두 그렇게 발전했는데, 우리나라만 유독 화석화를 넘어 퇴행적입니다. 게다가 실제로 이념에 대한 믿음이나 신념조차 없이 이념 팔이를 하는 게 지금 기득권 양당의 모습이 아닌가 싶어요. 그래서 저는 그런 관점에서 보면, 문제해결에 집중하는 중도실용정치가 현재 21세기의 우리나라에 맞다고 주장하고 싶어요.

진중권   레이코프가 지적한 것처럼 '중도'라는 것이 하나의 사상 체계로 존재하는 건 아니지만, 우리나라에서 중도 얘기가 자꾸 나오는 것은 말씀하신 것처럼 한국 정치 체제가 87년체제에 갇혀 있기 때문이라고 봅니다. 사회는 성장했는데 옷은 낡았죠. 그 좁은 옷에 만족하는 사람들이 거대 양당인 거고요. 매번 대선 때마다 제3후보가 나오는 것은 국민들의 불만, 충족되지 않은 정치적 욕구들이 표출되는 거라고 봐요. 그 욕망이 현실의 낡은 기득권 구조에 의해 자꾸 좌절되는 불행한 역사가 계속 반복되는 것 같습니다.

사실은 진보니, 보수니 하는 구별 자체가 별 의미가 없어졌어요. 진보니 보수니 하는 것 자체가 산업혁명의 이데올로기이거든요. 옛날엔 '노조'라고 하면 상당히 진보적인 현상이었지만 이제 대기업 노조의 경우 상당히 기득권화했어요. 이제는 산업혁명기에 만들어진 이런 이념의 시대가 저물어가고, 진보와 보수의 구분으로 포착할 수 없는 새로운 현상들이 등장하고 있어요. 예를 들어, 노동도 사실 플랫폼 노동부터 시작해서 노동자인지 자영업자인지 구별도 안 되고 이런 상황이고요. 이런 상황에서 그들이 가진 이념이라는 건 형해화(내용은 없이 뼈대만 있다는 뜻으로, 알맹이 없이 빈 껍데기만 남음)·화석화할 수밖에 없고요. 이념은 이제 자기 지지자들을 결집시키기 위한 일종의 종교 비슷한 것으로 변해버린 것 같아요.

안철수 앞에서 말했듯이 사실상 이념 팔이에 불과하죠. 가짜 보수가 아닌 진짜 보수라면 색깔론과 줄푸세(세금과 정부 규모를 '줄'이고, 불필요한 규제를 '풀'고, 법질서를 '세'우자는 뜻) 수준을 넘어서 자유의 가치를 확장하고 심화시켜야 하고요. 가짜 진보가 아닌 진짜 진보라면 사회적 약자와 취약 계층에 대해 우선지원을 하면서 공정과 평등의 가치를 확장하고 심화시켜야 합니다. 김병준 교수님이 그러셨죠. 성장 담론 없

Ⅰ. 바른 공동체 대한민국

는 분배는 사이비 진보, 분배 담론 없는 성장은 사이비 보수라고요.

진중권 진보를 표방하는 사람들이 현실에서 효력이 다한 이념 대신에 허구적 슬로건을 내세울 수밖에 없는 거고요. 그게 개혁 시리즈로 나오는 것 같아요. 검찰 개혁, 언론 개혁, 사법 개혁을 주장합니다. 정말 문제가 있으면 법을 고치면 되는데, 그것을 운동으로 만들어 지지자들을 세뇌시키고 선동합니다. 결국 그 개혁이라는 것의 내용은 자기 기득권 지키기에 불과하거든요. 그러다보니 그에 대한 반발, 불만 같은 것이 제3지대에 대한 욕망으로 나오는데, 그게 사실 현실에서 실현되기 힘든 구조입니다. 윤석열 전 검찰총장도 버티는 듯하더니 국민의힘에 들어가버렸고, 최근에 김동연 전 경제부총리가 뭘 해보겠다고 하는데 사실 실현 가능성은 그리 커 보이지 않습니다.

어떻게 돌파해야 될지는 모르겠지만 개헌이라든지 선거법 개정을 통해 이 정치 시스템, 게임의 룰 자체를 고치지 않는 이상 이런 현상은 계속될 거고요. 한국 정치라는 게 나름대로 계속 발전을 해왔어요. 보수, 진보를 막론하고 모든 정권들이 나름 한 일들이 좀 있었죠. 전두환 대통령만 해도 국가주도 경제를 시장주도로 바꾸었고, 노태우 대통령만 하더라도 냉전 이데올로기를 스스로 깨고 북방 정책을 펼치고 보통사람을 표방하며 대통령에 대한 풍자를 허용했고, 그다음에 김영삼 대통령은 하나회를 척결하고, 금융실명제를 도입했죠. 역사 바로 세우기도 했고요. 김대중 대통령은 산업 사회에서 정보사회로 한국 경제의 패러다임을 전환하는 데에 굉장히 중요한 역할을 했고요. 그리고 노무현 대통령은 그걸 받아 정보화의 흐름을 정치적 상부 구조에까지 반영하여 수평적인 네트워크, 수평적 커뮤니케이션을 도입하려고 노력했지 않았습니까.

안철수 정부 여당이 추진하는 개혁들의 본질을 살펴보면 검찰 개혁은 살아 있는 권력에 대한 수사를 막고, 언론 개혁은 언론의 권력에 대한 비판의 자유를 봉쇄하고, 사법 개혁은 유권무죄 유전무죄의 맞춤형 판결로 귀결될 겁니다. 결국 민주화를 통해 쌓아온 대한민국의 민주주의가 붕괴되는 것이죠.

진중권 노무현 대통령은 권위주의를 타파했죠. 그런데 이명박, 박근혜 대통령 이후로 계속 하락을 거듭해 지금 문재인 정부에 이르러서는 바닥까지 내려왔고요. 만일 이재명 후보가 대통령이 된다면 끔찍하거든요. 완전 운동권 탈레반 정권이 될 것 같은데 그게 걱정입니다.

안철수 처음 정치를 시작했을 때 고민했던 것은 왜 사람들이 정치 경험도 전혀 없었던 저 같은 사람을 불러냈을까였어요. 우리나라 정치가 이제는 더 나빠질 수가 없을 정도로 나빠졌으니, 누구라도 조금이라도 변화의 조짐이라도 보여주면 좋겠

I. 바른 공동체 대한민국

다는 심정 아니었을까 싶어요. 결국 우리 정치의 가장 큰 문제점은 기득권 정치 세력, 특히 집권 세력이니까 그들과 싸우라는 게 국민들의 바람이었을 거고요.

그래서 처음에는 2012년 9월 19일에 무소속으로 대선출마 선언을 한 게 정치의 시작이었어요. 그다음 해 국회의원에 당선 된 후, 기득권 정치 세력을 바꾸고 싶다는 제 말을 들은, 당시 민주당 김한길 대표가 거대 양당 중의 한 당을 개혁하면 그게 기득권 정치 세력 바꾸는 거라며 공동 대표를 제안했습니다. 그래서 목숨 걸고 도전해보기로 한 거죠. 그러나 결국은 누굴 탓하겠습니까. 당시 제 경험과 역량이 부족해서 민주당 개혁을 못한 거죠. 그래서 나와서 국민의당을 창당했고, 오늘에 이르렀습니다. 진짜 어떻게 보면 진정한 제3지대에서 지금까지 버텨온 셈이죠.

사실은 저는 제3지대라는 말을 좋아하지 않습니다. 제3지대라는 건 양당제가 당연하다는 걸 전제하고 하는 말 같아서 저는 그렇게 유쾌한 표현으로 생각하지 않아요. 그리고 지금은 가장 많은 사람들이 여기에 속하니, 사실은 제1지대인 셈이기도 하고요. (웃음)

그러나 우리나라 정치가 한 단계 발전하기 위해서는 정말로 다당제를 정착시켜야 한다고 믿어요. 다당제가 정착되면 정당들이 국민 눈치를 보며 국민들의 삶을 개선하기 위해 경쟁하고 문제해결에 집중하게 되어, 우리나라가 한 단계 더 도약할 수 있을 거 같아요. 저의 지난 9년간의 도전은 다당제 정착의 근간을 만들려고 싸웠던 시간이기도 했다고 생각해요.

그러나 결국은 게임의 룰이 사람의 사고를 지배하더라고요. 프랑스에서 마크롱이 대통령에 당선된 이유 중 하나도 결국은 대선에서 결선투표제가 있었기 때문이었죠. 마크롱은 '극중주의(radical centrism)'를 표방한 사람입니다. 우리나라에서는 제가 이야기해서 알려졌지만, 사실 극중주의라는 표현은 제가 아니고, 토머스 프리드먼이 칼럼에서 마크롱에 대한 평가를 하면서 썼던 걸로 기억합니다. 대선 1차 투표에서 24%를 받은 사람이 결국은 당선될 수 있었던 건 결선투표제 때문이었고요. 결선투표제가 있으니까 사람들은 1차 투표에서 마음에는 들지 않지만 당선 확률이 높은 후보를 찍는 게 아니라, 자기 신념에 맞는 후보를 찍게 되더군요. 그리고 결선투표에서는 두 사람을 대상으로 투표하니까 과반이 넘는 국민의 지지를 받은 대통령이 탄생하는, 정말 이상적인 제도라 봅니다. 실제로 대통령제를 채택한 나라 중 결선투표가 없는 나라는 우리나라를 포함해 소수에 지나지 않습니다.

다시 말씀드리지만, 저는 다당제가 가능하게 하는 국회의원 선거 제도와 대선에서의 결선투표제만 도입된다면 우리 정

　　　　　　　　　　　Ⅰ. 바른 공동체 대한민국

치가 한 단계 더 앞서나갈 것 같습니다.

진중권 연동형 비례대표제는 사실 껍데기가 돼버렸는데, 원래 법 취지에 맞게끔 되살리는 것이 필요한 것 같고요.

11. MZ세대와 실용적 중도주의

안철수 저는 이념의 가치를 무시하는 사람은 아니에요. 오히려 이념은 사람이 세상을 보는 세계관이므로 대단히 중요하다고 생각해요. 제가 문제라고 여기는 것은 우리나라에 제대로 된 이념을 가진 정당이 없다는 데 있어요. 우리나라는 산업화시대와 민주화시대를 지나고 정보화시대를 거쳐서 이제는 4차 산업혁명시대에 와 있는데도, 우리나라 기득권 정당들의 이념은 무려 40~50년 전인 70~80년대에서 딱 멈춰 있는 것이 우리의 불행이죠.

4차 산업혁명시대에는 중도실용정치의 현대적 적용이 중요하다고 생각합니다. 사전적인 의미의 '실용'은 어떤 한 가지 이상적인 생각에 경도되지 않고, 지금 우리 눈앞에 있는 현실의 문제를 해결하고 세상을 바꾸는 일에 집중하는 것을 말합니다. 그러나 이미 이명박 정부에서 실용이라는 말을 사용했기 때문에 다른 단어를 찾고 싶은데 아직 더 좋은 말을 찾지는 못했어요. 그래도 어쨌든 '실용'이라는 개념을 새롭게 정의하고, 우리의 당면 과제들을 실사구시적으로 풀고 나간다면, 매우 중요한 관점과 해법으로 기능할 것으로 생각합니다.

중도라고 하면 사람들이 가진 오해 중의 하나가 둘 사이의 중간에 어정쩡하게 서 있는 것이라고 생각합니다. 그러나 그렇지 않습니다. 중도란 중간에 있는 게 아니라 '중심'을 잡는 겁니다. 현 상황에서 최선의 해법을 가진 진영이 있다면 그 해법을 택하고, 없다면 새로운 해법을 만드는 것입니다. 『로마인 이야기』를 보면 균형 감각에 대한 구절이 나옵니다. 균형 감각이란 양쪽의 중간에 서 있는 정적인 개념이 아니라, 양극단의 장단점들을 제대로 잘 파악한 다음에 현실에 맞는 적절한 균형점을 찾는 동적인 개념이라는 겁니다. 즉, 정확하게 중간에 서서 가만히 있는 게 균형 감각이 아니라, 변화하는 상황에 따라 적절한 지점을 끊임없이 찾으려고 노력하는 과정입니다. 정치에서의 중도도 이러한 동적인 개념으로 생각합니다.

거대 양당과 기득권 진영에서 중간에 어정쩡하게 있는 회색주의자나 기회주의자로 색칠하는 중도는 사실 중도가 아닙니다. 중도는 과감하게 선택하는 용기입니다. 예를 들어, 지금 상황에서 보수와 진보의 안보 정책 중에서 보수적인 것이 맞다면 보수적인 정책을 택하고, 지금 상황에서 복지는 진보적인 입장이 맞다면 진보적인 정책을 택하는 것이지, 어정쩡하게 모든 것의 중간에 있는 경우는 중도일 수 없습니다. 그렇게 보이게 하려고 기득권들이 색칠하는 것이죠.

국민의당처럼 어려움에 빠져 있는 정의당에 대한 제 생각을 이야기하자면, 처음 정의당은 정치적 손익보다 나름대로 믿는 원칙이 더 중요한 정당이었다고 생각해요. 조국 사태 때 그와 반대되는 선택을 하면서 어려움에 빠진 것이죠. 정의당이 다시 인정받는 길은 젊은 의원들이 다시 원칙으로 되돌아가는 것입니다. 저도 정의당이 다당제의 일원으로 계속 존재하기를 바라는 입장이어서요. 당리당략이나 손익부터 따지기 시작하면, 그건 진보적 이념 정당의 정체성을 가진 정의당이 아닐 거라는 생각입니다.

진중권 민주당의 경우에는 정확히 전대협 멘탈리티라서, 국가 운영을 학생회 운영하듯이 하고 있거든요. 그리고 이재명 후보가 대통령이 되면 전대협 정권이 한총련 정권으로 바뀌는 거예요. (웃음) 전대협은 책을 한두 권은 읽었는데 한총련은 아예 한 권도 안 읽었다고 하더군요. 일단 이 사람들은 1987년에 갇혀 있어요. 정치적 상상계가 1987년에 머물러 있어서 아직도 자기들이 민주화운동을 하고 있다고 생각하

118   I. 바른 공동체 대한민국

죠. 화석화된 부분들이라 생각합니다.

보수의 경우에는 이미 파탄을 맛봤죠. 탄핵을 당했다는 것은 이미 끝났다는 것 아닙니까. 그럼에도 불구하고 지금 대체 이데올로기가 없어요. 보수주의라는 게 상당히 무서운 이념이거든요. 아주 굉장히 오랜 역사를 가지고 에드먼드 버크라든지, 제대로 된 보수주의자는 진짜 강적이거든요. 그렇게 진보를 긴장시키는 제대로 된 보수가 국민의힘에는 없잖아요. 없으니까 그 대안으로 능력주의로, 경쟁만능주의와 시험만능주의로 가고 있는 게 국민의힘의 상황인 것 같습니다. 그리고 그 프레임을 대선 후보 뽑는 데까지 적용하려다 보니 지금 이 사달이 나는 것 같거든요.

안철수 능력주의를 말하고 있지만, 그것도 완전히 거꾸로 가고 있는 거잖아요. 능력주의가 여러 현실적인 문제에 부닥치면서 단점을 극복해왔던 역사는 완전히 무시하고 초기 개념 정도만 이야기하고 있으니까요.

진중권 유럽이나 미국의 경우에는 능력주의가 나름 의미를 갖는 게, 거기는 옛날부터 명문 가문이 있고 세습주의가 있었잖아요. 거기서는 그래도 그게 의미가 있을 겁니다. 그런데 한국의 경우에는 한국전쟁 이후 모두 평등하게 출발했거든요. 모두 잿더미에서 평등하게 출발을 해서 지금에서야 비로소 세습주의가 형성, 고착화됐죠. 이런 상황에서 능력주의를 말하는 것은 결국 세습을 그냥 인정하자는 것밖에 안 돼요. 이준석 대표 같은 경우에도 오히려 자기가 얼마나 세습 계층에 속하는지 몰라요. 자기가 목동에서 얼마나 치열하게 경쟁을 했는지 아느냐고 하던데, 목동에 산다는 것 자체가 세습이란 생각을 못하는 거예요, 지금. (웃음)

안철수 원래 인간은 자기가 알고 경험한 만큼만 볼 수 있다는 말이 있잖아요.

진중권 그 모든 게 자기 실력으로 이룬 것이라 믿으니, 결국은 지금 저 모양이 된 거죠. 저럴 바에는 차라리 주호영, 나경원 체제가 훨씬 나았겠다는 생각까지 들어요.

안철수 처음부터 어느 정도 예상 가능했던 거 아닌가요?

진중권 과학기술계의 여성할당제도 실은 박근혜 정권에서 도입을 했어요. 그 분야에 여성 과학기술자들의 수가 너무 적거든요. 사실 남녀 임금 격차의 가장 큰 원인이 수입이 좋은 이공계에 여성들이 너무 적다는 거예요. 이공계는 여전히 여성들이 들어가기 힘든 곳으로 남아 있어요. 그런데 그만큼한 것도 다시 없애버리겠다고 나오니, 과거의 보수도 한심했는데 그 한심한 과거의 보수보다 더 과거로 퇴행해버린 거죠. 지금 이런 상태가 된 것은 제대로 된 이데올로기가 없기 때문이에요. 대안 이념이 없는 거죠. 그런데 그 능력주의가 MZ세대의 남성들에게는 호응을 받고 있거든요. MZ세대는 기회의 평등을 아예 믿지 않아요. 자기가 흙수저로 태어난 것, 금수저로 태어난 것은 바꿀 수 없는 운명이라고 봐요. 그러니 과정의 공정에 집착하는 거죠. 그러니까 시험이라도 보게 해달라, 그리고 결과에 대해서는 경쟁을 해서 위너가 독식을 하고 루저가 쪽박을 차는 것을 인정해요. 그게 정의라고 생각을 해요.

안철수 기회의 평등을 생각하지 않고 무조건 능력주의를 맹신하는 것은 안타까워요.

진중권 그걸 인정을 해버리고. 국가가 개입해 경쟁의 결과를 수정하는 것 자체를 부당하다고 봐요. 이상한 정의 관념이죠. 그러니 남는 것은 공정하게 시험이라도 보게 해달라는 요구뿐이죠. 사시를 부활시켜 달라든지. 이 MZ세대가 10년, 20년 지나면 우리 사회의 주력이 될 것이라는 겁니다. 왜냐하면 지금 운동권 세력도 처음에는 '젊은 피'니 뭐니 해서 소수였지만, 그 후 20년 만에 나라를 다 차지해버렸잖아요. 그래서 요즘 MZ세대에 대한 생각은 어떻고, 이들을 정치 세력화 하려면 어떻게 해야 되는지, 거기에 대한 생각이 궁금합니다.

안철수 한 사회학자 분이 그러시던데요. 우리나라는 세계에서 유일하게 후진국에서 태어난 사람과 선진국에서 태어난 사람이 함께 동시대에 살고 있는 나라라고요.

진중권 제가 후진국에서 태어나서 중진국에서 자라 선진국에서 지금 살고 있죠. (웃음)

안철수 지금 MZ세대는 선진국에서 태어난 아이들이어서 세상 보는 눈이 다를 수밖에 없다는 것을 기성세대들이 자각해야 할 것 같아요. 저희 딸이 MZ세대예요. 우리 50대의 자녀들은 거의 모두 MZ세대 아니겠어요? 외국의 MZ세대와 우리나라 MZ세대는 다른 것 같아요. 그러니 외국의 MZ세대에 대한 분석을 그대로 우리나라에 적용하는 것은 무리죠. 우리는 우리의 MZ세대를 제대로 이해하는 노력이 필요해요. 기성세대에서 MZ세대의 생각을 이해할 수 없다는 것도, 1차적인 책임은 우리 기성세대에 있죠.

우리만 하더라도 저희 부모님 세대들이 고생, 고생을 하셔서 독일에 광부나 간호사로 가고, 중동 건설현장에서 일하고, 베트남전쟁에서 목숨을 잃으면서 벌어온 외화로 우리나라가 여기까지 왔어요. 그래서 우리 세대는 열심히 하면 취직할 수 있고 열심히 모으면 집도 살 수 있는 환경을 저희 부모님 세대가 만들어주신 거예요.

그런데 정작 우리 세대에서는 아이들이 아무리 열심히 공부하고 역대 최고 스펙을 쌓더라도 취직하기 힘든 세상을 만들고 말았어요. 서울대 나와도 이제는 직장 걱정, 취업 걱정을 해야 되는 이런 세상을 만든 게 사실은 우리 세대 아닙니까? 그래서 벌써 10년도 넘었습니다만, 제가 대학 교수 때 '청춘 콘서트'를 하면서 항상 맨 처음 한 이야기가 "미안하다"였어요. 이런 힘든 환경을 만든 기성세대의 한 사람으로서 사과한 거죠. 그러니까 청년들이 힘든 건 지금이 아니라 벌써 그때부터 시작됐던 거예요. 그때 참여했던 아이들이 대부분 20대였으니까 지금은 30대가 되었죠. 그러고 보니 MZ세대가 처음 태동하는 시기에 제가 청춘 콘서트를 했던 것 같아요.

MZ세대를 위한 질 좋은 충분한 숫자의 일자리가 없고, 주거 문제도 최악이고, 결혼을 하더라도 육아 부담이 크고요. 그래서 이런 환경에서 살아남으려고 하다 보니 능력주의로 기울게 되는 거 아닌가 생각해요. 이대남과 이대녀 간의 남녀 갈등도 이런 척박한 환경에서 살아남으려다 보니까 생긴 것 같아요. 그런데 이런 환경을 고쳐야 할 책임이 있는 정치권이 해결책보다는 오히려 이대남과 이대녀의 갈등을 조장하고, 거기서 정치적인 이득을 얻으려 하는 것은 정말 해서는 안 될 일이죠.

저 나름대로 경제 문제, 일자리 문제를 해결할 수 있는 해법이 있어요. 그런데 문제는 경제 구조 개혁을 하는 일이어서 시간이 5~10년은 걸리는 중장기 과제라는 점이에요. 그래서 제대로 개혁을 해서 이 문제가 해결되더라도, 지금의 MZ세대는 벌써 40대가 되고 인생은 망가져 있고 사회 갈등은 굉장히 심각하게 될 수도 있다는 점이 걱정입니다. 따라서 중장기적인 개혁과 함께 이런 문제를 해결할 수 있는 단기적인 처방이 함께 병행되어야만 해요.

진중권　사실 제가 우려하는 게 그거거든요. 이 정권이 들어와서 진보의 가치가 완전히 형해화됐어요. 옛날에 진보는 뭔가 멋진 것이었죠. 희생과 헌신, 어떤 가치를 위해 자기의 손익을 생각하지 않고 앞으로 나아가는 것. 그런 시대가 솔직히 있었죠. 그런데 지금 그런 건 다 사라져버렸어요. 예컨대 민주당의 경우도 노무현 대통령을 생각해보죠. 이분은 원칙을 위해 이익을 버리고, 전술적 패배를 통해서 오히려 더 전략적인 승리를 하는 그런 큰 정치를 했어요. 그런데 요즘은 그런 정치인들은 사라지고 회사원 비슷해졌죠.

옛날에는 보수 정당에도 남·원·정과 같은 소장파가 있었어요. 민주당 내에도 항상 쓴소리를 하는 사람들이 있었는데, 요즘은 어느 당에도 'Mr. 쓴소리'가 없어요. 오히려 젊은 세대들이 한술 더 뜨더라고요. 지금 민주당의 강경파는 다 초선이잖아요. 이렇게 민주당이 변질되고, 그 당 사람들이 위선과 내로남불의 극치를 보여주니 젊은 세대들이 이제 진보의 가치를 믿지 않게 된 거예요.

I. 바른 공동체 대한민국

'평등'이라는 말을 들으면, 조국 전 장관의 얼굴과 함께 '위선'과 '내로남불'이라는 말을 떠올리는 거죠. 그러니 진보가 목숨처럼 알고 있었던 가치들을 내세우는 건 이제는 굉장히 힘들어졌어요. 젊은 세대들의 경우에는 '공존'에 대한 매우 독특한 관념들을 갖고 있어요. 〈헝거 게임〉이라는 영화 있지 않습니까. 지금 사회가 헝거 게임으로 변해가고 있고, 젊은이들은 그 헝거 게임을 공정하다고 봐요. 그들 눈에는 당신들이 만든 기득권 체제보다 차라리 헝거 게임이 더 공정하다는 거죠.

이런 게 이준석 현상으로 나타나고 있는 거죠. 이들이 언젠가는 우리 사회, 우리의 정치권을 주도하게 되겠죠, MZ세대들이. 그때 과연 '국가공동체'라는 게 유지가 될까요? 독일 같은 나라는 사회적 합의에 의해 움직이거든요. 예를 들어, 진보든 보수든 간에 사회국가 시스템의 유지에는 모두 찬성하거든요. 단지 해석만 다르죠. 좌파들은 '이 모든 부를 노동자들이 만들었으니 당연히 노동자에게 그 몫을 돌려야 한다'는 것이고, 보수는 '국가라는 게 왜 존재하느냐? 국민 한 사람 한 사람을 돌보기 위해서 존재하는 게 국가의 목적 아닌가', 이런 게 해석하는 거죠. 좌우로 해석은 달라도 결국은 이 시스템을 유지하는 데에는 합의합니다. 그런데 그 기반 자체를 이 나라에서 좌파가 스스로 깨버렸어요. 지금 제가 가진 위기의식은 바로 이런 겁니다. 대선에서 누가 되느냐 안 되느냐는 솔직히 별로 기대 없거든요. 어차피 누가 정권을 잡아도 크게 다르지 않더라고요.

안철수 저는 그 차이를 만들려고 발버둥 치는 중이고요.

진중권 진보와 보수의 공약은 엄청나게 다른 것 같아도 사실 아니 잖아요. 보수가 아무리 안보를 강조한다 하더라도 집권을 하 게 된다면 남북관계를 안정적으로 관리해야 되잖아요. 그리 고 박근혜 대통령도 사실 중국군 사열대 위에도 오를 수 있 는 것이고, 문재인 정부가 아무리 개혁적인 것을 한다고 그 래도 결국 이재용 부회장 풀어주잖아요. 이런 것들 보게 되 면 사실 굉장히 허상이 아닌가라는 생각도 들고. 그런 가운 데에서 우리가 정치를 한다는 것이 국가 공동체를 어떻게 유지할 것인가라는 게 사실은 정치적인 몫이고, 이걸 어떻 게 지속 가능하게 만들 것인가라는 게 사실은 정치의 목적 이라고 봤는데 지금 보면 공유할 수 있는 바닥 자체가 없어 지고 무한 경쟁 체제, 헝거 게임 체제 이렇게 변할 것 같다 는 위기의식이 강하게 있는 것이죠.

안철수 전 이번 문재인 정권에서 제일 절망했던 순간이, 우리 해수 부 공무원이 북한군한테 총살당하고 불태워졌을 때예요. 알 고서도 아무 대응도 안 한 것은 국가의 존재 이유 자체가 무 너진 거예요. 트럼프 대통령도 국내에서는 국민을 분열시키 고 갈등을 조장했지만, 미국 국민이 한 사람이라도 위기에 빠지면 살리려고 직접 가요. 세계의 어떤 나라에서도 한 명의 국민이라도 살리려고 하고, 만약 사망했다면 사체라도 모국의 품으로 데려오려고 국가 지도가 직접 가요. 그게 국가의 존재 이유 아니겠어요. 다른 걸 다 떠나서 국민의 생명과 안전을 보호하는 것 자체가 기본 중의 기본이에요. 그런 일을 하지 않는다면 국가는 존재할 필요가 없죠. 그래서 저는 그걸 방기한 것 자체가 용서가 안 되더라고요.

진중권   정당화하잖아요. 화장을 했다는 둥 하여튼.

12. K방역은 국가 시스템의 힘!

안철수 제가 또 분노했던 것 중 하나가 문재인 대통령이 추석 때까지 백신 1차 접종 70% 하겠다고 한 것이에요. 사실 백신 1차 접종을 목표로 삼으면 안 되거든요. 1차 접종만 해서는 방어 능력이 없어요. 안 맞은 사람보다 조금 나은 정도니까, 사회적 거리두기 계산할 때도 미접종자와 1차 접종자는 같은 취급하는 거 아니겠어요? 2차 접종까지 완료해야 감염을 막거나, 감염이 돼도 중증이나 사망으로 진행되는 걸 최소화할 수 있거든요.

그런데 통계로 국민을 속이려고 2차 접종 완료자를 위해 써야 하는 백신을 1차 접종자 숫자를 늘리기 위해 당겨쓰고 있어요. 그러다보니 원래 화이자 백신 2차 접종은 4주 후에

I. 바른 공동체 대한민국

맞아야 되는데, 6주 후 접종이 되어버린 거죠. 원래 제약 회사에서 4주 후에 접종하라고 했으면 4주 후에 해야지, 6주 후가 되면 임상적인 검증이 되지 않았지만 효과가 떨어질 가능성이 높아요. 그리고 1차 접종만 한 사실상 무방비 상태로 2주를 더 기다려야 하니, 그 기간 동안 보호받지 못하죠. 그럼 그만큼 코로나19에 감염될 확률이 더 높고 사망할 확률도 더 높아지거든요. 국민 생명은 안중에도 없고 정권 홍보만 관심이 있는 것은 용서가 안 돼요.

진중권 이재갑 교수님이 8주까지는 괜찮다고 하더라고요. 오히려 당겨서 맞는 게 문제이고 4주 이내로. 영국 같은 경우에는 8주로 하고 있고 그 정도 여유는 둬야 되는데 문제는 뭐냐면 이게 판단을 잘못한 거잖아요. 사실 문재인 정부는 게임 체인저가 뭐라고 생각하냐면 방역하고 치료제라고 생각한 것 같아요.

안철수 대통령 자신이 치료제와 백신이 다르다는 것을 몰랐거나, 백신 없이 방역만으로 코로나19를 극복할 수 있다고 오판한 거죠.

진중권 그러면서 백신에 대해서는 여유가 있고 남들 다 맞은 다음에 천천히 해도 된다, 이래서 결국은 OECD 국가 중에서 우리가 접종률이 꼴찌이고 일본보다도 더 못하게 됐어요. 일본은 어제 통계를 봤더니 1~2차 접종 완료자가 37%가 됐더라고요. 그다음에 1차 접종자는 50%가 됐고. 그런데 우리는 한참 못 미치게 되는 꼴찌가 돼버렸고 15%밖에 안 되는 이런 상황이 되고, 그걸 통계를 통해서 감추고 싶어 하는 것 같아요. 그게 좀 문제인 것 같고, 사실 국민을 지키는 데 실패한 거죠.

안철수   이 정권 사람들은 국민의 생명과 안전을 지키는 것보다 정권을 지키는 것이 더 중요해요.

진중권   결국 'K' 자 때문에 망친 것 같아요. 자꾸 K방역, K백신, K치료제 이렇게 집착을 해버린 거죠. 그때 '국뽕'이 한참 들었을 때 아닙니까.

안철수   사실 코로나19뿐만 아니라 모든 감염병에 대한 대응은 방역으로는 확산을 막고, 백신으로 정상 생활로 돌아가게 만드는 거거든요. 그리고 따지고 보면 K방역은 대한민국이라는 국가 시스템의 실력이에요. 국가 시스템은 문재인 정권이 만든 게 아니라, 그전에 여러 정권들이 만들어온 총합이죠. 백신을 제대로 구매해서 확보하는 게 정권의 실력인데, 이 사람들은 자기들이 할 일은 못해놓고 자기들이 만든 게 아닌 K방역 자랑만 하고 있어요.

예를 들어, 박근혜 정권이 메르스(MERS) 사태를 겪으면서 방역 시스템을 고쳤어요. 정부와 민간이 함께 각자가 해야 할 일들을 정리하고 시스템을 개선했죠. 그런데 메르스도 코로나 바이러스 계열이거든요. 그러다보니까 메르스를 한 번 겪었던 동아시아 국가들은 이번 코로나19 사태 때 선방했고, 메르스를 겪지 않았던 미국이나 유럽 같은 데서 많은 사람이 죽게 된 겁니다. 그러니까 어떻게 보면 지금 우리가 이렇게 잘 선방하고 있는 데는 전 정권에서 개선한 방역 시스템의 공이 커요. 그런데 그걸 자기들이 만든 것처럼 자랑하고 있어요. 이런 게 굉장히 잘못된 것이죠.

진중권 K방역에 대해서 얘기를 하자면 전적으로 동감하는 게 정부에서 정작 해야 될 일이 백신 확보죠. 다른 건 그다음의 나머지 것들은 아래에서 하거든요. 그리고 말씀하신 것처럼 그 시스템이 갖춰진 건 메르스 때문이었고, 메르스 때 호되게 당하다 보니까 현 질병관리청뿐 아니라 민간에서도 준비가 잘되어 있었습니다. 특히 민간에서 진단 키트들을 개발해서 벌써 다 분석하고 미리 예상을 하지 않았습니까. 이런 것들 잘 돼있는데 이런 민간의 성과를 정권의 공으로 만들어버린 것이고. 또 다른 한편으로는 방역한다는 게 결국 국민들의 희생 위에 있는 것이고 특히 엄청난 자영업자들의 희생이 있는 것이거든요.

안철수 우리나라 국민처럼 착한 국민은 없는 것 같아요.

진중권 그렇죠. 그래서 이게 사실은 부정적으로 말하면 개인주의와 자유주의가 약하고요. 좋게 말하면 공동체주의이고 나쁘게 말하면 집단주의 생각이 강하기 때문에 유럽에서는 통할 수가 없는 거예요. 우리의 추적 시스템이라든지 이런 것들을 유럽 사람들은 굉장히 거부감이 강해서요. 독일에서 아내가 동영상을 보내줬는데 바깥에서 사람들이 노는데 얼어붙은 호수에서 얼음을 지치고 있더라고요. 그런데 마스크를 쓴 사람이 열 명 중에 둘밖에 안 되는 거예요. 그래서 충격을 받았거든요. 그 사람들은 국가에서 마스크를 쓰라고 하는 것을 간섭으로 여기기 때문입니다.

안철수 마스크를 쓰든 안 쓰든 개인의 선택에 맡기는 게 진짜 자유주의적 접근 방식이긴 하죠.

진중권 개인의 선택으로 생각하니까 그게 방역에는 불리하겠죠. 아무래도 불리하겠지만 그런 부분들, 그래서 K방역이라는 게 엄청나게 칭찬을 받지만 외국에는 절대 갈 수 없는, 어느 나라에서도 실행하지 못하는 이런 부분들이 있는 것입니다.

안철수 그리고 실제로 개인정보 침해가 심각하게 일어나고 있는 것도 문제입니다. 지금 정신이 없어서 그렇지, 코로나19 사태가 수습되고 나면 다음 팬데믹 때 어떻게 하면 개인정보를 보호하면서 방역을 잘할 것인가를 새로 정비해야 할 거예요.

진중권 그리고 치사율을 떨어뜨리는 건 치료제가 아니라 사실은 백신이잖아요. 일본도 보니까 확진자가 2만씩 등장하는데 치사율은 굉장히 낮더라고요. 백신의 덕이라고밖에 볼 수 없는 건데요.

안철수 그리고 이명박 정부 때 신종플루를 타미플루라는 치료제로 극복했는데, 그러다보니 문재인 대통령은 치료제만 있으면 된다고 착각했던 것 같아요. 당시 국내 업체에서 치료제가 개발된다고 하니 그것만 믿었겠죠. 그러나 문제는 당시 국내에서 개발하던 치료제라는 것이 타미플루 같은 신약이 아니라, 확진자가 나으면서 생긴 항체를 모은 것이라는 점이죠. 그건 확진자가 중증에 빠지는 것을 어느 정도 막아주는 것이지, 타미플루 같은 신약과는 다른 거거든요.

진중권 나중에는 문제가 될 것 같습니다. 황우석 사태 같은 문제가 될 것 같고요. 어제 보니까 대통령 지지율이 30%대로 떨어진 것 같은데 K방역의 환상들이 깨지고 백신 수급이 늦춰지면서 벌어진 현상이라고 생각됩니다.

13. 대장동 게이트와 권력형 부패 카르텔

진중권 이재명 후보는 토건족들의 숙원 사업을 공적 권한을 가지고 깔끔하게 해결해주고 실제로는 민간 개발을 한 것보다도 못한 그런 결과를 만들었습니다. 원래 땅주인들한테는 시가 평당 600만 원짜리를 평당 300만 원 이하로 수용하고, 입주민들에게는 분양가상한제가 적용이 안 되는 고분양가로 불법 수익을 화천대유와 천화동인에 몽땅 갖다 주고, 그중의 상당 부분을 자신을 위해 사용했을 가능성이 큰 것으로 보입니다.

안철수 지분 구조를 보면 의도적으로 만들지 않았으면 성립하기가 불가능한 정도로 치밀하게 설계를 했더라고요. 성남도시개발공사가 50%+1주를 가지고 있어서 얼핏 대주주처럼 보이지만, 실제로는 의결권이 없는 우선주였죠. 화천대유 및 관계사들은 7% 지분밖에 가지고 있지 않지만, 이들만 의결권이 있는 보통주였던 거예요. 그러다보니 공공에서는 처음 보장된 일부 수익만 가져가고, 나머지 모든 수익을 의결권을 가진 화천대유 등 특정 민간이 다 가져갈 수 있었던 거죠.

진중권 위례에서 먼저 연습을 한 것으로 보입니다.

안철수 위례에서 연습해보고 이익 배분이 생각대로 되는 것을 확인한 다음에, 제대로 큰 규모로 대장동에서 저지른 거죠. 대한민국의 지방정부에서 이런 문제점이 제대로 걸러지지 않고 그대로 통과됐다는 것 자체가 저는 커다란 문제라고 봅니다. 물론 지차체장, 담당 공무원, 견제하는 의회 모두 작동을 하지 않았거나 알면서도 통과시킨 거죠. 몰랐으면 무능이고 알았으면 범죄이니, 어느 경우에도 책임져야죠.

진중권 공공기관이 사기꾼들을 걸러내고 필터링하는 게 아니라 공공기관이 나서서 대형 비리를 저지른 경우거든요. 이재명 후보가 설계했다고 본인이 직접 말했고, 유동규 씨가 집행을 했고, 입법부인 성남시의회까지 매수한 것으로 보입니다. 입법·사법(법조인들)·행정이 다 동원된 대형 권력형 비리 사건인데 당연히 이것의 최종 책임자는 이재명 후보일 수밖에 없습니다. 이 정도 사안을 유동규 혼자서만 결정할 수 있는 일이 아니라고 봅니다.

안철수 이재명 후보가 자기는 1원 한 푼 받은 적 없다고 합니다만, 이런 사건이야말로 자기한테 돈을 입금시켜달라는 바보 같은 사람은 없을 겁니다. 다른 사람이 돈을 받아 원래 주인을 위해 돈을 지출하게 하는 방식을 쓰겠죠. 그리고 처음에는 이렇게 이익이 많이 생기리라 생각 못했을 겁니다. 아이러니하게도 문재인 정부의 부동산값 폭등 때문에 이익이 과다하게 나는 바람에 들킨 것 같습니다.

진중권 1원 한 푼 안 받았다는 말은 저는 진실일 수도 있다고 봅니다. 뭐냐 하면 절반의 진실만 말한 겁니다. 내가 받을 필요 없이 내가 줘야 할 사람들에게 화천대유를 통해서 간접적으로 전달했을 가능성이 큽니다. 정치 자금이 나한테 들어왔다 나가게 되면 흔적이라는 게 남기 때문에 흔적 없이 처리했을 겁니다. 본인의 1원 한 푼이 중요한 게 아니라, 공동 운명체인 핵심 측근들과 은혜받은 분들이 문제입니다. 대장동 인허가와 사업 추진 등을 위해서 행정부, 입법부를 움직이는데 불법 수익을 나눈 거는 확실합니다. 그러나 불분명한 건 엄청난 스펙의 법조계 사람들을 데려다가 뭘 하려고 했는지가 밝혀지지 않았습니다.

안철수 권순일 전 대법관의 역할은 분명했던 거 같습니다.

진중권 그렇죠. 그래서 결국 원희룡 후보의 말처럼 일종의 사설 로펌으로 보면 의문이 풀립니다. 그런데 그 사설 로펌이 김만

　　　　　　　　I. 바른 공동체 대한민국

배나 유동규를 위한 것이 아니라, 당연히 이재명 후보를 위한 조직일 가능성이 큽니다. 이재명 후보의 대법원 판결 전에 김만배가 당시 권순일 대법관을 여덟 번이나 찾아갔다고 하는데 아무리 친한 사이라도 여덟 번씩 만나지는 않습니다.

안철수 그것도 대법원 판결을 앞두고 대법관을 수시로 만난 거거든요.

진중권 그리고 대법원에 이발하러 갔다고 둘러댔는데 명백한 거짓말일 것입니다. 그리고 이재명 후보가 해명하지 못하는 게 결국은 선거법 관련 변호인단의 변호사비거든요. 당시 선거법 재판 때 유수의 법무법인 전관들을 포함해서 20명 이상 썼더라고요. 그 사람들 변호사비는 3억이라고 하던데 그게 상식적으로 3억이라면 변호인단 중 한 사람에게나 줄 수 있는 액수밖에 안 되잖아요. 그렇다면 화천대유를 통해서 반대급부의 이익을 제공했을 것이라는 추정이 가능할 겁니다. 예를 들어, 관련 가족들에게 아파트를 분양해주거나 우회적인 방식으로 돈이 갔을 거라고 보는 게 가장 합리적일 것입니다.

안철수 그리고 불법 수익에 있어서는 기득권 거대 양당이 모두 관련된 사실 또한 드러난 것 아니겠어요? 그러니까 잘 모르는 사람들은 약간 헷갈릴 수도 있지만 2012년까지는 국민의힘 계열에서 했고, 2012년 이후에는 이재명 후보 측 세력들이 불법 수익을 얻은 것입니다. 그런데 이재명 후보는 2012년까지의 문제만 거론하면서 '국민의힘 게이트'라고 계속 주장하는 것이죠. 겉으로는 정치적으로 싸우는 거 같지만 밀실에서는 서로 손잡고 불법 이익을 공유하는 뿌리 깊은 '부패 카르텔'의 일각이 드러난 것 같습니다.

진중권　돈 앞에서는 당적이 없다는 걸 보여주는 게 성남시의회 의장의 모습을 보면 알 수가 있습니다. 원래는 새누리당 소속이었지만 당의 입장을 거역하면서 민주당 측 입장을 지원하고 이번 사건까지 연루된 것입니다. 그러나 이재명 후보 측에서는 자꾸 '국민의힘 게이트'라고 프레임을 짜는데 국민들 입장에서 볼 때는 거대 양당 모두 도둑놈으로 인식하는 거 같습니다. 이 당 게이트다, 저 당 게이트라고 하는 게 의미가 없을뿐더러 곽상도 의원이 돈을 받은 건 사실이지만 문제는 진짜 큰 판돈인 4,000억~8,000억 중에서 일부 '광값' 정도만 받은 셈입니다.

안철수　대장동 게이트의 전체 수익이 천 억 단위를 넘어서 조 단위까지 예상되죠.

진중권　결국 앞으로 미래 수익까지 하면 1조 단위의 불법 수익을 먹은 거고, 그중의 일부를 곽상도 의원 등에게 넘겨준 거 같습니다. 사실이 이러함에도 국민의힘 게이트(광값 게이트)라고 호도하면서 손바닥으로 하늘을 가려보려고 합니다. 그런다고 손바닥으로는 절대로 하늘을 가릴 수는 없을 것입니다.

　　　　　　　　　　　　　　I. 바른 공동체 대한민국

안철수 위례 신도시에서도 300억의 불법 수익을 얻었다고 하던데
요. 보통 같으면 엄청난 뉴스가 됐을 텐데 대장동 게이트로
사람들의 돈에 대한 감각이 마비되는 바람에 '300억 정도'
는 아무것도 아닌 것으로 생각하는 이상한 세상이 돼버렸
습니다.

진중권 심지어 '조국한테 미안해진다', '우리가 너무 심했던 거 아니
야?' 이런 얘기까지 나올 정도라고 합니다.

안철수 정말 완전 블랙 코미디인데요.

진중권 대장동 게이트와 관련하여 몇 가지 더 짚을 수 있을 것 같
습니다. 일단 '거짓말 코드'가 있습니다. 이재명 후보의 말만
믿었거든요. 게다가 지방 정부 수장으로서의 실무 능력, 집
행 능력, 실행력, 추진력 등을 인정한다고 저도 칭찬까지 한
적이 있습니다. 그리고 이분이 공격당할 때 제가 앞장서서
방어해준 적도 있었는데 지금 생각해보면 흑역사가 되고 말
았습니다.

특히 제가 놀랐던 건 이재명 후보의 놀라운 위장술과 선전
선동술입니다. 단군 이래 최대의 비리 사건인데 우리들 뇌
리 속에 뭘 박아놨냐면 단군 이래 최대의 공익 환수 사업이
라고 박혀 있잖아요. 경기도 홍보비를 전년도에 비해서 4배
를 썼듯이 국민의 혈세를 가지고 자기의 사적인 치적을 홍보

하고 거짓말을 진실로 둔갑시킨 겁니다. 형수 욕설이나 형님 문제의 경우에도 어머니한테 형이 그런 얘기를 했다고 하면 그 정도 말을 할 수 있을 것 같다고 생각하고 넘어갔습니다. 그러나 최근에 이 후보의 형님이 올렸던 글들을 쭉 봤어요. 너무나 합리적이고 건전하고 생산적인 문제 제기였더라고요. 예를 들어, 당신 주위에 유동규 같은 이상한 사람들 쓰면 안 된다, 무자격자를 왜 갖다 쓰느냐며 너무나 합리적인 문제들을 지적하는 글이더라고요.

안철수 그런데 이재명 후보가 형님을 정신병자 취급을 했네요. 오히려 형님이라는 분이 사람 보는 눈이 있으셨네요.

진중권 이재명 후보의 형님이 회계사잖아요. 유동규 같은 사람을 쓰지 말라는 주장을 한 형님을 정신병원에 보낸 거 같습니다. 성남 시민 김사랑 씨까지 정신병원에 넣게 됩니다. 이 두 분이 다 대장동 의혹을 건드린 사람들이란 공통점이 있습니다. 이렇게 진실을 정말 조폭처럼 땅에 묻어버릴 수 있는 사람이라는 게 이번 대장동 게이트로 다 드러난 것입니다. 참 무섭더라고요.

안철수 남욱 변호사가 처음 대장동의 알짜배기 땅 30% 정도를 계약하잖아요. 그런데 사업이 지지부진해지면서 남욱 변호사 등이 대장동 사업과 관련해 저축은행에서 빌린 대출금을 갚지 못했죠. 그래서 저축은행들이 파산한 이후 예금보험공

사로 넘어간 부실채권 규모가 2,600억 원대에 달합니다.

진중권 예금보험공사가 끌어안은 거죠.

안철수 문제는 남욱 변호사가 연대 보증을 선 게 아니라 바지사장
이 보증을 섰기 때문에, 남욱은 오히려 배당금으로 1,000억
을 벌었잖습니까? 그러니까 이거야말로 전형적인 손해의 사
회화, 이익의 사유화인 겁니다.

최진석 교수님께서, 부도덕하면서 능력 있는 사람은 없다고
말씀하셨죠. 인간에게 가장 중요한 기본 중의 기본은 도덕
성, 그중에서도 염치, 즉 부끄러움을 아는 것이라 합니다. 염
치가 없는 사람은 재주가 있고 머리 똑똑하고 일시적으로
업적을 남길 수도 있지만, 이런 사람에게 큰 역할을 맡기면
이 사회가 망가진다고 하시더라고요.

진중권 그 말씀을 받아서 얘기를 해보면, 알았으면 부패한 거고 몰
랐으면 무능한 겁니다. 대장동 게이트로 이재명 후보는 무능
하며 부패한 거로 인증된 거 같습니다. 사실 부패하면서 유
능한 사람은 없거든요. 결과적으로는 시민들에게 돌아가야
할 또는 공공으로 환수해서 국민들한테 쓰여야 할 1조 원의
돈을 특정 그룹에게 몰아주는 결과를 낳은 겁니다. 여기서
끝내서는 안 되고 전수조사 해야 된다고 생각합니다.

안철수   저도 같은 생각입니다. 다음 정부에서는 제2, 제3의 대장동 게이트가 없는지 전국의 공공개발사업을 전수조사 해야 할 겁니다.

진중권   왜냐하면 성남시 차원에서도 이 정도의 천문학적인 불법 수익이 발생했는데요. 특히 경기도에는 최근 엄청나게 많은 개발 현장이 있었거든요. 문제는 여기저기 개발 현장의 수익구조 디자인이 비슷하다는 점입니다.

안철수   전국의 공공개발사업 중 민간이 함께 참여한 사업들을 전수조사 해야 하겠죠.

진중권   전수조사 하게 되면 대장동 게이트와 비슷한 부패 카르텔과 불법 수익 모델이 더 밝혀질 것 같습니다.

안철수   그리고 이재명 지사는 민주당 후보가 되었는데도 경기도지사직을 그만두지 않고 있습니다. 그 이유가 부패 카르텔이 드러나는 것을 막으려는 것 아닐까요? (*이재명 더불어민주당 대선 후보는 2021년 10월 25일 경기도지사에서 사퇴했지만 대담은 그전에 진행됨.)

진중권   경기도지사직을 이용해서 국정감사 자료 요청에 일체 응하지 않고 있습니다. 그리고 아직도 친일 세력과 분단 세력을 깨뜨려야 한다는 철 지난 NL운동권 이상에 갇혀 있어요.

남총련 출신, 민간인을 프락치로 몰아 고문치사를 했던 사람까지 경기도 산하 기관장에 임명한 적이 있습니다. 시장실에서 조폭과 사진 찍은 것도 보면, 일반 시민들이 시장실에서 사진 찍는 거랑은 차원이 다른 문제입니다.

안철수 대장동 게이트의 정체가 드러나고 있는 시점임에도 이재명 후보의 지지율이 아직도 유지되는 이유는 정권 재창출 위기감에 따른 지지층의 결집 현상으로 봐야겠죠?

진중권 민주당 후보 경선 전 컨벤션 효과와도 관계가 있어 보입니다. 그러나 지금 이재명 후보는 박스권에 갇혀 있고 반등도 없이 유지되는 수준으로 보입니다. 강성 지지자들은 위기 의식 때문에 더 결집이 됐지만 중도층은 관망으로 돌아선 것입니다. 중도층 입장에서 볼 때는 이재명이 잘못했으니 사과라도 해야 되는데 오히려 적반하장이잖아요. 오히려 이재명 후보는 단군 이래 최대의 공익 사업이고 상 받을 일이라고 우기면서 노벨에 자신을 비유하던데요.

안철수 이재명 후보는 핵심 측근인 유동규가 구속되었는데도, 한전 직원이 뇌물 받으면 대통령이 사퇴해야 하냐며 책임을 회피하고 있어요.

진중권 이재명 후보가 굉장히 당황한 거 같아요. 변명을 하더라도 논리가 있어야 하는데 임기응변으로 모면하고 있습니다.

안철수 중도층이 볼 때 대장동 게이트는 사과로 끝날 일이 아니잖아요? 단군 이래 최대 규모의 부동산 비리잖아요.

진중권 대장동 게이트는 범죄 행위고 피해 액수가 1조 규모로 너무 큰 사건입니다. 단군 이래 최대 비리인데도 사과 안 하면서 오히려 잘했다고 상 달라고 하는데 매우 황당한 대응으로 보입니다.

안철수 그렇게 적반하장 격으로 공격하거나 프레임을 바꿔서 '물타기'를 하고 본질을 흐리는 게 이재명 후보의 수법이고 정치 기술이죠. "공격이 최선의 방어다"를 충실히 따르는 것으로 보입니다. 그러나 서서히 그 본질이 드러나고 있어요.

진중권 이재명 후보에 대해서는 신화 같은 게 있었는데 대장동 게이트를 계기로 허위로 드러나며 무너지고 있습니다. 허위를 사실로 확 둔갑시켜서 치고 나갔던 걸 '돌파해냈다'로 잘못 알려진 거죠. '나는 때려도 안 죽는다. 나를 공격해도 반드시 이겨낸다'식의 신화와 프레임으로 미화됐던 겁니다.

안철수 문재인 정권의 권력 사유화와 조국 사태가 우리 사회의 공정을 무너뜨린 바닥인 줄 알았는데, 대장동 게이트로 더 심각한 부패상이 드러나고 있습니다.

진중권 대장동 게이트를 마주하게 되면서 조국 사태 수준의 권력형 특혜와 표창장과 스펙 위조 정도는 오히려 정상처럼 보일 정도입니다.

안철수 　조국 사태가 바닥이 아니라는 게 저는 믿기지가 않습니다.

진중권 　문재인 정권의 가장 큰 문제가 전대협 마인드의 586 정치인들의 문제였습니다. 그러나 이재명 후보는 전대협보다 더 극단적인 한총련식으로 변하는 거라서 걱정입니다.

안철수 　최근 여론조사를 보면 ARS나 면접원 여론조사 모두 정권교체를 바라는 비율이 높게 나오는데요. 정작 여야 후보 양자 대결, 특히 대선 결과와 가까운 면접원 여론조사에서는 야권 후보가 이재명 후보에게 지는 이유는 무엇일까요?

진중권 　보통은 정권 교체 지지율이 정권 재창출 지지율보다 20%포인트 정도 차이가 나면 정권이 바뀐다고 합니다만, 야권 후보들의 경쟁력이 문제입니다. 야권 후보들의 경쟁력이 없으니까 구심점인 중도층들이 결집을 못하고 있습니다. 중도층을 중심으로 지지가 확대 재생산되려면 지지하는 후보에 대한 자부심이 있어야 되거든요. 윤석열 후보의 경우 검찰총장으로서 살아 있는 정권에 맞서 싸우던 사람이니까 정을 줬던 건데 갑자기 손바닥에 '왕(王)' 자를 그리고 나오고, "정법 비디오를 봐라" 등의 실언이 나오면서 중도층이 굉장히 크게 상처를 받았습니다. 이러다 보니까 이재명 후보의 대장동 게이트 같은 게 나왔어도 윤석열 후보가 반사 이익을 못 보고 실언 논란에 갇히는 상황입니다.

안철수 이재명 후보는 대장동 게이트에, 윤석열 후보는 왕(王) 자 논란과 각종 실언들로 지지율이 박스권에 갇힌 거 같습니다.

진중권 결국은 2022년 대선은 혐오 투표, 증오 투표가 될 가능성이 있어요. 누구 하나 미래 어젠다를 지금 제시하지 못하고 있습니다. 미래 어젠다 없이 고발 사주 의혹, 대장동 게이트로 서로 싸움질하면서 상대방을 더 증오하고 혐오하는 경쟁에 매달리고 있어요. 이런 식으로 대선 판이 전개된다면 결국 승패는 어느 진영이 다른 진영을 얼마나 더 강렬하게 증오하느냐에 따라서 가려지는 최악의 대선이 될 가능성이 큽니다. 그야말로 역대 최악의 대선 판이 되고 있습니다.

안철수 최근 여론조사를 보면 국민의 60% 이상이 대장동 게이트의 특검 필요성에 찬성하고 있습니다. 검찰 수사와 경찰 수사를 믿지 못하는 거죠. 경찰은 금융정보분석원(FIU)의 수상한 돈 흐름에 대해 5개월 전에 통보했는데도 뭉개고 있었던 상황이고요. 검찰은 본거지인 성남시와 경기도 압수수색도 안 하고 있고, 혐의자들의 휴대폰도 압수하지 않고 있는 상황입니다. 정부 여당은 특검을 결사적으로 막고 있고, 국정조사도 못하게 합니다. 저도 국회의원 시절에 국정감사를 여러 번 해봤습니다만, 직접 조사권이 없는 국회의원은 한계가

I. 바른 공동체 대한민국

많습니다. 자료 요구를 해도 주지 않으면 방법이 없으니까요.

진중권 경기도는 자료 제출을 안 하고, 거대 여당인 민주당은 증인 신청을 하면 다 막아버리며 국정감사가 파행되고 있습니다. 국회의원들이라는 게 원래 국가를 위해서 일하는 거지 당을 위해서 일하는 자리가 아니고, 의회가 정부를 견제하며 정부의 잘못을 감사해야 하는 게 의정 활동인데 국회의원들이 청와대의 하수인으로 전락하고 말았습니다. 미국의 경우에는 트럼프 시절에 공화당 의원이 공화당 정부를 비판하는 의회 보고서를 주도하잖아요.

안철수 그게 민주주의 제도하에서 국회의원들이 할 일이고, 그게 사실 민주주의의 본 모습인데 말이죠.

진중권 그래서 미국이 아무리 문제가 많더라도 입법-행정-사법의 민주주의 시스템이 제대로 작동하고 있기 때문에 그 나라가 유지되는 것 같습니다.

안철수 정부 여당은 대장동 게이트를 국민의힘 게이트라고 말하면서도, 자신들의 주장을 규명할 수 있는 특검은 반대하는 모순된 행동을 하고 있어요.

진중권 민주당이 김경수-드루킹 사건 때 특검을 받았다가 황태자를 날린 학습 효과 때문으로 보입니다. 또한 경찰과 검찰이 금융 범죄에 대응할 능력이 되는지도 문제입니다. 이른바 '여의도 저승사자' 서울남부지검 증권범죄합동수사단이 해체된 상황이기 때문입니다. 대장동 게이트는 처음부터 서류상으로 다 맞춰놨을 것이고, 바지사장을 통해 법적 책임을 회피할 탈출구를 열어두었거나, 규정 자체를 맞춤형으로 바꿔놨을 가능성도 큽니다.

안철수 그래서 검찰이 인지수사 들어가서 동시다발 압수수색을 통해 증거를 확보하는 게 정도인데, 타이밍을 놓치며 뭉개고 있었습니다. 의도적이라고밖에는 볼 수 없어요.

진중권 서울중앙지검장으로 추미애 전 장관 사람을 임명한 거고요. 또 윤석열 전 검찰총장 징계 때 추 전 장관 편에 붙었던 검사들이 다수인 상황이라서 억지로 수사를 해야 합니다. 웬만하면 사건을 묻으려고 했는데 대장동 게이트의 내부자가 폭로한 상황이라서 자기들 마음대로 덮을 수 없게 되었습니다.

게다가 대장동 게이트와 비슷한 모델이 여기만은 아닐 거라는 겁니다. 물론 이렇게까지 파렴치한 구조는 아니라 하더라도 전국에서 사실은 굉장히 합법적인 방식으로도 초과 이득 내지는 불로소득을 가져가는 사건들이 많고 여기에 대해서 근본적 원인을 짚고 근원적인 대책들을 제시하는 게 대선 후보들이 해야 할 일이라고 봅니다.

안철수   대장동 게이트에서 토지를 수용당한 원주민들도 제가 직접 만났습니다만 다들 정말 억울해 하고, 분양가상한제 적용 없이 고분양가로 입주한 입주민들의 경우에도 지금은 시세가 올랐다고 하지만 사실상 피해를 입은 분들이죠. 무엇보다도 문제는 "개발 이익은 누가 가져가던 간에, 무주택자, 미래 세대, 비수도권 주민을 경제적·정신적 붕괴, 침체의 길로 몰아간다"는 지적에 동의하게 됩니다.

그래서 지금부터라도 공공이 토지를 수용해서 개발할 때는 '토지임대부 방식'으로 아파트 분양을 하는 게 맞다고 봅니다. 즉, 국가나 지방 정부가 강제수용권을 통해 값싸게 토지를 수용한 경우에는, 국가나 지방 정부가 토지는 계속 소유하고 건물만 분양하는 토지임대부 방식이 정도라고 생각합니다. 토지를 수용당한 원주민, 울며 겨자 먹기로 고분양가 바가지를 쓰는 입주민, 주거 빈곤층인 청년과 무주택 서민들에게도 기회가 돌아가는 상생 모델이 될 수 있을 겁니다. 그러면 부동산 가격 안정화와 청년, 서민들의 내 집 마련에도 도움이 될 걸로 생각합니다.

진중권   그리고 이재명 후보의 대장동 게이트하고 이명박 대통령의 BBK를 비교해보면 BBK는 아주 사적인 영역에서 벌어진 사건이고, 대장동 게이트는 공적 권한이 사용된 점이 차이점 같습니다.

안철수 대장동 게이트는 그야말로 지방 정부가 권력을 사유화하여 부패 카르텔과 불법 수익을 편취한 사건인 것이 근본적으로 다른 점인 거죠.

진중권 공권력을 사유화해서 그 이익을 사적으로 취득한 것이기 때문에 죄질이 매우 극악한 거죠. BBK 같은 경우에는 이명박 대통령이 금융 전문가, 경제 전문가 자랑하다가 김경준에게 금융 사기를 당한 사건이어서 아마 본인도 경제적으로 피해를 입었을 겁니다. 근데 대장동 게이트는 지자체장이 자신의 공적 권한을 이용해서 토건족들과 결탁하여 천문학적인 불법 수익을 몰아주고 그 일부를 자신이 취했을 가능성이 있다는 의혹을 받는 것이므로 매우 죄질이 불량하고 부패 범죄일 가능성이 큽니다. 제대로 수사가 된다면 이재명 후보는 감옥을 먼저 가냐, 청와대 갔다 와서 가냐 이런 문제 아닐까 생각이 됩니다.

한편, 고발 사주 사건은 윤석열 전 검찰총장이 아래 부하들을 시켜서 당시 미래통합당에 대리 고발을 시켰다는 시나리오를 믿기는 힘들어 보입니다.

안철수 어쨌든 김웅 의원이 관련된 것은 사실 아닌가요?

진중권 김웅 의원 선에서 움직였을 가능성이 커 보입니다. 김웅 의원이 자기가 검사 출신이니까 당에 기여를 하고 싶어서 발생한 사건으로 보입니다. 손준성 검사는 "내가 작성하지 않았다, 내가 보낸 거 아니다"라고 반만 얘기합니다. 본인이 안 했지만 누군가 시켜서 보냈다라는 얘기는 안 하고 있습니다.

그렇더라도 윤석열 캠프의 태도를 지적하지 않을 수 없습니다. 다른 건 몰라도 손준성 검사와 김웅 의원이 연루된 건 사실일 텐데도 "이 고발장 자체가 조작이다"라고 대응하고 있어요. 손준성 검사와 김웅 의원이 연루되었다면 윤석열 후보가 총장이던 시기에 자기 부하가 연루된 건 확실하잖아요. 그렇다면 '나는 모르는 일이고 내가 그걸 하지도 않았고 할 이유도 없지만 내 부하가 거기에 연루돼 있다면 그것은 전적으로 내 책임이다. 그 부분은 사과하겠다'고 윤 후보가 사과하는 게 맞다고 봅니다. 그런데 전체 고발장 자체가 다 거짓이고 조작됐고 그 배후에는 국정원이 있다는 음모론으로 대응하고 말았습니다. 저는 이것은 정직하지 못한 태도라고 봅니다. 국정원 사전 조작설은 불가능하고, 사후 공작설 정도는 합리적 의심이 가능하다고 생각합니다.

안철수   윤석열 캠프가 아직도 체계를 못 잡고 기본적인 대응도 서투른 것 같아요.

진중권   그렇죠. 윤석열 캠프는 옛 정치 문법을 가진 사람들이 중심이 되어 낡은 정치 문법들을 구사하고 있는데, 그게 사실은 윤석열이라는 사람을 불러낸 그 이유 자체를 무너뜨리고 있습니다. 국민들은 어떤 일이 벌어졌을 때 그 일 자체도 보지만 더 중요한 태도를 보는 거거든요. 그 일을 어떻게 처리하느냐, 그런데 이걸 딱 보니까 이 사람도 똑같은 사람 아니야? 자기 책임을 안 지네? 그리고 거짓말을 하네? 이렇게 되면 무너지는 것입니다.

안철수　그게 윤석열 후보 의도는 아니었을 것 같은데요.

진중권　이재명 후보는 괜찮거든요. 왜냐하면 이재명 지지자들은 원래 도덕성 보고 기대한 게 아니니까요.

안철수　지금 상황은 윤석열 후보 본인이 정확하게 해명하는 수밖에 없겠어요. 다른 방법이 없는 것 같아요. 그리고 저는 이번 선거부터라도 다른 선진국들처럼, 후보자의 '인티그리티 (integrity, 사람다운 온전함·도덕성)'가 가장 중요한 덕목이 되어야 한다고 생각해요. 사람으로서의 온전함이 없는 사람은 국가 지도자가 될 자격도 없고 되어서도 안 되죠. '부도덕하지만 일은 잘한다'는 평가 자체가 모순이에요. 부도덕한 사람이 큰일을 맡으면, 일 잘하는 능력을 자기와 자기편을 위해서 쓰게 되니 일반 국민들이 가장 큰 피해자가 되는 것 아니겠어요?

진중권　최근에 안철수 대표에 대한 재평가가 이루어지고 있습니다. 지나고 나니까 안철수가 너무 정상이었던 거 같다, 그 세대 사람들 중에서 "그래도 그렇게 멀쩡한 사람도 없었다" 이런 얘기도 나오더라고요, 어제 페이스북 보니까. 그러니까 그 586세대 정치인들이 엄청나게 많은 욕을 먹잖아요.

안철수 586세대 중에서 극히 일부인 정치권에 있는 운동권 출신 586들이 586세대 전체의 명예에 먹칠을 했어요. 대다수의 586세대는 저 포함해서 각자가 맡은 분야에서 우리나라를 위해 열심히 일한 사람들이거든요.

진중권 운동권 출신 정치인들이 문제죠. 게다가 운동권 주변에 있는 사람들이 아직도 이재명 후보를 옹호하고 나서는 거예요. 헨리 조지 막 얘기하면서도 이재명 후보를 옹호하는 인지 부조화 같아요. 사실 시민단체들도 지식인 사회도 자기들만의 이권 공동체가 돼서 그걸 수호하느라 바쁜 거 같습니다. 그러면서도 정의를 위한 것이고 평등을 위한 것이라는 이상한 허위의식에 휩싸여 있는 것 같아요.

Ⅱ. 강한 공동체 대한민국

1. 중도, 진보, 보수의 성장 담론 비교

안철수 저는 일자리를 만드는 것은 민간이지 정부가 아니라고 생각해요. 지속가능하고 좋은 일자리라는 측면에서는 더 그렇죠. 그럼 민간의 일자리는 어디에서 만들어야 할까요? 대기업은 통계에서도 나와 있듯이 더 이상 일자리가 늘어나지 않아요. 국민들이 일자리를 늘리라고 아우성칠 때마다 대통령이 대기업 총수들을 만나 일자리를 늘리라고 하는 것은 방향을 잘못 잡은 것이죠. 그렇다고 창업 활성화를 일자리 정책으로 생각하는 것도 곤란해요. 창업은 새로운 가능성의 씨를 뿌린다는 차원에서 접근해야 해요. 실패하는 경우도 많기 때문에 여기서 일정한 수의 안정적인 일자리를 만들려고 해서는 안 돼요. 결국 많은 수의 질 좋은 새로운 일자리는 중소기업이나 벤처기업이 중견기업이 되는 과정에서 생기는 거죠. 거기에 집중을 해서 이제는 일자리 정책을 제대로 세워야 합니다.

진중권　전통적으로 성장과 관련한 철학은 이른바 좌파들은 '케인스주의'를 얘기하고, 이른바 우파들은 '하이에크주의'를 얘기하고, 그다음에 또 하나가 '슘페터리안'이라고 혁신을 통한 성장으로 분류되는 것 같아요. 3가지 철학적 흐름이 나름대로 장점도 있고 단점도 있고 이걸 어떻게 배합하느냐의 문제인 것 같고요. 결국은 이재명 후보 같은 기본소득을 주장하는 분들은 케인스주의에서 마지막 부분만, 쉽게 말하면 세금 걷어서 뿌린다는 것만 있는 거고요. 그런데 사회적 약자들을 보호하기 위해서는 국가에서 그런 식의 국가 개입이 필요하고 사회안전망 또는 사회복지적 개입이 좀 필요하지만 그걸로 성장을 대신할 수는 없는 거죠. 아까 말씀하신 것처럼 성장을 통해서 분배하지, 기본소득 자체로 성장을 견인한다는 건 말이 안 되는 것 같고요.

한편 보수는 하이에크주의로 맨날 세금 깎고 규제 완화하고, 규제 완화도 2년마다 해서 환경, 생명, 안전 이런 분야까지 다 완화하자는 굉장히 극단적인 것 같고요. 그래서 결국은 케인스, 하이에크, 슘페터의 철학을 전략적으로 조합하는 문제인 것 같아요.

안철수　슘페터의 혁신을 통한 성장을 바탕으로, 하이에크와 케인스의 철학을 조합하는 방식의 교수님 말씀이 균형 잡힌 시각 같습니다.

진중권   안철수 대표 같은 경우에 사실 제가 생각할 때는 슘페터의 관점을 갖고 계신 것 같고요. 다른 후보들은 그 부분이 좀 약한 것 같고요.

안철수   혁신에는 두 가지가 있지 않습니까. 점진적 혁신(incremental innovation)과 파괴적 혁신(disruptive innovation)이 있는 건데요. 독일의 강소기업(Mittelstand)들을 보면 점진적인 혁신에 강점이 있어요. 즉, 한 분야에서 지속적인 발전을 거듭하여 세계적인 수준의 기업, 일명 히든 챔피언(hidden champion)이 되는 거죠. 반면에 미국의 실리콘밸리식 벤처기업은 파괴적 혁신을 통해서 기존의 것들을 뒤엎고 새로운 것을 만들어내죠.

그리고 파괴적 혁신이 점진적 혁신보다 우월하다는 것도 잘못된 생각이에요. 예전에 실리콘(silicon) 반도체로는 곧 한계에 이를 거라고 생각하고, 갈륨(gallium) 반도체에 주목한 적이 있었어요. 그러나 사람들의 예상과는 달리 실리콘 반도체의 기술 발전은 꾸준한 점진적 혁신을 통해 계속 한계를 극복해내서, 갈륨 반도체의 파괴적 혁신으로도 따라잡지 못했어요. 이걸 보면 두 가지 종류의 혁신이 모두 필요한 것이지, 어느 것 하나만이 정답은 아니에요.

2. 소득주도성장론(소주성)의 속도 문제

진중권 문재인 정부의 경제 정책 얘기로 넘어가보죠. 소득주도성장
(소주성)이라고 얘기했지만, 유시민 씨가 실토했잖아요. 이것
은 사실은 '성장 정책이 아니라 복지 정책이다'라고 얘기를
했고요. 소주성의 핵심은 결국은 최저임금제 인상이었던 것
같아요. 저는 뭐 최저임금을 올리는 건 좋은데 문제는 그 액
수, 비율 이런 것 자체였어요.

안철수 근본적으로 '소득주도성장'은 경제학 교과서에도 나오지 않
는 정체불명의 정책이고, 세계 어떤 나라도 실제로 해본 적
이 없는 정책 아니겠습니까? 이런 정책을 세계 경제 10대
대국에 속하는 나라에서 아무런 고민 없이 바로 국가 단위
에서 실행에 옮긴 거죠. 소득이 많아져서 구매력이 높아지고

그래서 경제가 발전한다는 논리인데, 소가 수레를 끄는 게 아니라 수레가 소를 끄는 격입니다. 설계부터 잘못된 소주성이 실패로 끝날 수밖에 없는 게 너무나도 당연했고요. 경제 발전의 결과로 1차 분배에 따른 소득이 높아지고, 그 과정에서 발생하는 빈부격차를 줄이기 위해 국가가 나서서 2차 재분배를 하는 복지 정책이 맞는 방향이죠.

우선은 최저임금 인상 속도가 문제였습니다. 최저임금 인상 속도를 경제적 고려 없이 정치적으로만 판단해서 공약에 억지로 맞추려고 하다보니 사달이 난 것이죠. 최저 임금을 너무 급격하게 올려서 자영업과 소상공인, 중소기업이 적응하지 못해 고용을 줄일 수밖에 없게 되었고, 오히려 일자리와 소득이 줄어들게 된 것이죠. 또한 최저임금의 급격한 인상이 우리 현실과는 정말 맞지 않는 게, 우리나라는 OECD 국가 중에서 특이하게 자영업 비율이 굉장히 높은 경제 구조거든요. 최저임금 인상은 자영업자 본인에게는 해당 사항이 없고, 오히려 아르바이트 임금이 갑자기 높아져서 아르바이트를 쓸 수 없는 상황을 만들어버렸어요. 결과적으로 우리 경제를 망가뜨린 주범 중의 하나가 되었죠.

그 결과, 코로나19 사태가 나기도 전인 2019년의 경제성장률이 2.2%였는데, 전문가들은 1.5%는 재정으로 성장한 거고 0.7%만 실제로 성장한 거라고 평가하고 있어요. 즉, 지금 경제가 어려운 것은 코로나19 때문만이 아니라, 코로나19

사태 이전에 우리 경제는 이미 심각한 기저 질환을 앓고 있었던 겁니다. 그런데 지금이라도 소득주도성장 정책을 폐기하지 않으면, 코로나19 사태가 마무리된 이후 다른 나라들이 다 앞서 나갈 때도 우리는 다시 소득주도성장 정책 때문에 발목 잡힐 거예요. 그래서 정부에서 시행해본 결과 잘못된 정책이었다고 솔직하게 인정하고 폐기하는 것이 맞겠죠.

그리고 이미 오른 최저임금을 다시 내리는 건 가능하지 않아요. 대안으로는 서울, 부산 등 각 지역들마다 집값도 다르고 생활비도 다른 것처럼, 지역별로 다른 기준을 설정하거나 직종별로 다른 기준을 설정하는 등 다양한 방법을 적극 검토해야 할 겁니다. 이미 일본은 그렇게 시행하고 있으니까요.

또한 최저임금위원회에서 최저임금을 결정하는 것은 정부가 정치적으로 결정할 가능성이 많고 참여한 이해관계자들 간의 갈등도 첨예하니, 아예 중위소득의 몇 %를 최저임금으로 정해버리는 것도 검토해야 한다고 봅니다. 그러면 정부 들러리 서는 위원회도 필요 없고 갈등 없이 적정한 수준의 최저임금이 자동적으로 정해질 거라고 봅니다.

진중권 그러면 뭐 싸울 일도 없고. 이것이 자꾸 정치적 슬로건화되고 그 사람들한테 이념화·신념화가 되다보니까 자꾸 무리한 일들이 발생하거든요. 어쨌든 정부가 시장의 한계 조건을 설정한다는 건 분명히 반드시 필요한 일인데, 문제가 뭐냐면 그 자체가 정부가 시장과 싸우려고 하거나 시장 논리를 왜곡시키는 결과를 낳거나 뭐 이런 문제가 생기는데 그게 소득주도성장의 가장 큰 문제점이었던 것 같습니다.

3. 뉴딜 정책과 규제 정책의 문제점

진중권 정부에서 한국판 뉴딜 얘기하지 않았습니까. 그런데 장기적
인 프로젝트를 가지고 했다라기보다도 코로나 위기로부터
경기 회복을 위해서 했다고 보는 데 어떻게 보면 좀 황당한
데요.

안철수 새로운 정책은 없이, 기존의 정책들을 포장한 말장난 같아
보였어요.

진중권 장기적인 10년, 20년, 30년을 내다본 국가 전략 이런 것들
을 마련한 게 아니라 코로나 회복을 위해서 갑자기 뉴딜 정
책을 내건 거니까요. 무슨 옛날 1930년대 대공황 상태인가
이런 생각이 좀 드는데요. 디지털뉴딜과 그린뉴딜 그다음에

안전망 강화 등 3개를 축으로 분야별 투자 및 일자리 창출을 한다고 하는데 그다음에 별로 들은 말이 없어요. 이게 어떻게 됐습니까. 그 이후로요?

안철수 디지털뉴딜 내용을 보면 박근혜 정부 창조경제 때 했던 계획들과 거의 유사하고요. 그린뉴딜은 이명박 정부 때 했던 녹색성장 계획들과 비슷하던데요. 무엇보다도, 정부에서 각 분야를 일일이 지정하고 민간을 주도하던 시절의 관행을 못 바꾼 것 같습니다. 예를 들어, 교육부가 대학들에게 "지원금 줄 테니까 이 사업해" 하며 끌고 가다보니 대학의 자율성과 창의성을 빼앗아버리는 방식과 똑같은 행태로 보입니다.

진중권 지금 보수 쪽에서는 계속 규제 얘기를 하지 않습니까. 최재형 전 감사원장도 그렇고 보수 쪽에선 규제를 완전히 타파하자 이런 식으로 좀 나오고 있고요. 그런데 현 정부에서도 나름대로 뭐 낡고 불합리한 규제를 정리했다는 얘기도 나오는데, 가장 중요한 게 규제와 시장의 관계를 설정하는 것이 굉장히 중요하지 않습니까. 이런 부분에 대해서 현 정부를 어떻게 평가하시고 앞으로 어떻게 변해갈지 좀 말씀해주시죠.

안철수 현 정부도 규제 정책에 대한 철학이 잘 안 보입니다. 규제 개혁 의지도 없는 것 같아요. 모든 대통령들이 새로 취임할 때마다 규제 개혁 이야기하고, 포지티브 규제를 네거티브 규제로 바꾸겠다고 이야기하는데 결국은 그게 안 되지 않습니까?

무조건적인 규제 완화도 사실은 안 맞는 말인 게, 규제 중에서도 사람의 생명과 안전에 관한 규제는 꼭 필요한 거예요. 예를 들어, 우리나라가 OECD 국가들 중에서 대부분의 병은 발생률이 낮은데, 발생률이 다른 나라들보다 유독 높은 게 있어요, 바로 식중독입니다.

진중권 식중독이요?

안철수 식중독 발생률이 다른 나라들보다 몇 배 높거든요. 이런 것들은 제대로 된 안전과 건강에 대한 규제가 불충분해서 일어나는 거니까, 이런 분야는 오히려 더 잘 들여다보고 촘촘하게 규제를 잘 만들어야죠.

그러나 신산업에 대한 규제는 정말로 네거티브 규제로 바꿔야 합니다. 몇 년 전에 베를린에서 열린 국제가전박람회(IFA)에 간 적이 있어요. 거기서 신형 전기 자동차 하나가 눈에 띄었어요. 정말 디자인도 좋고 여러 가지가 좋아 보였어요. 특히 그 자동차는 사이드 미러 대신에 그 위치에 카메라가 있고, 앞 유리창에 양쪽 사이드 미러로 보이는 장면이 나오게 되어 있었어요. 운전자가 고개를 양쪽으로 돌려 사이드 미러를 볼 필요 없이 안전하게 운전할 수 있는 시스템이었던 거죠.

그래서 혹시 한국에 진출할 계획이 있냐고 전시하는 관계자에게 물어봤어요. 그랬더니 자기들은 한국에 진출하고 싶은데 못한대요. 그 이유가 뭐냐고 물어봤더니, 당시 한국의 자동차 관련법에 자동차는 반드시 좌우의 사이드 미러가 있어야 한다고 되어 있어서 자기들 자동차는 허가를 못 받는다고 하더라고요. 잠시 말문이 막혔죠. 사이드 미러가 꼭 있어야 한다는 것도 불필요한 규제거든요. 사이드 미러가 반드시 있어야 된다고 지정할 것이 아니라, 운전자가 차의 좌우와 뒤를 사각지대 없이 보고 안전하게 운전할 수만 있으면 되도록 유연한 규제가 필요한 거죠. 이런 부분들에 대해 대통령이나 관련 부처가 제대로 관심 있게 들여다보고 있지 않다고 생각합니다.

진중권   그 밖에도 예를 들어 스타트업이 출발하는 데 방해가 됐던 규제가 있습니까?

안철수   엄청나게 많습니다. 1조 원 이상의 가치가 있는 스타트업을 '유니콘 기업'이라고 하잖아요. 중국이나 미국에 유니콘 기업들이 굉장히 많은데요. 글로벌 100대 스타트업 기업들의 사업 모델을 조사해본 결과, 절반이상이 국내에서는 규제 때문에 불법(10개)이거나 영업이 사실상 불가능(40개) 했다는 테크앤로법률사무소의 조사를 본 적이 있습니다.

예를 들어, 서울 지역 대부분은 비행금지구역이거나 비행제한구역으로 지정되어 있어서 드론을 날릴 수 있는 곳이 공원 몇 곳으로만 지정된 것으로 알고 있어요. 그러다 보면 서울에서는 드론 스타트업이 탄생하기는 어렵죠. 그러다보니 요즘은 드론 택시 같은 것들도 나오고 있는데, 우리는 규제 때문에 만들기가 어려우니 서울에서 드론 택시 시험 비행 때 중국제를 가져오는 식이 되는 거죠.

진중권 다른 한편은 이제 그런 부분이 '타다' 같은 경우 참 애매모호한 것 같은데 어떻게 보면 이노베이션일 수도 있지만 사실상 저 사람들이 갖고 있는 택시 면허증을 자기들은 그것 없이 공짜로 먹고 들어가는 그런 측면들도 있고, 어떻게 생각하세요?

안철수 미국에서 아마존이 성장하면서 오프라인 서점들이 힘들어지게 된 현상과 비슷한 것 같아요. 이럴 때 정부에서 해야 될 일은 새로운 사업을 할 수 있도록 가능성을 열어주고, 그 대신 신산업 때문에 피해를 받게 되는 기존의 사업자들을 설득하고 그들을 위해 사회적인 안전망을 만들어주는 역할을 해야 해요. 그런데 우리나라에서 실제로 벌어지고 있는 일은, 정부나 정치권에서 기존 사업 영역에 있는 분들이 고통을 호소하면 바로 새로운 산업의 싹을 잘라버려요. 그렇다고 기존 산업 영역에 있는 분들에 대한 안전망을 만들어주지도 않고요.

저는 이런 걸 상징적으로 보여줬던 사례가 '타다 사태'라고 생각하거든요. 외국에서는 공유경제 또는 모빌리티 서비스가 계속 크게 성장하는 분야인데요. 국내 사업을 막고 국내 기업을 키워주지 않고 있다가, 결국 어느 순간에 무역 분쟁 등을 통해서 글로벌 기업이 국내로 들어오게 된다면 그들이 다 장악해버리겠죠. 그런 불행한 사태를 막으려면, 정부도 새로운 사업 분야의 가능성은 열어주되 기존 사업자들에게는 사회적 안전망 만들어주는 데 돈을 써야 된다고 생각합니다.

진중권 카카오택시를 타보니까 타다와 크게 다르지 않은 것 같아서 기사님께 물어봤더니 이분들 같은 경우 택시 면허를 샀다고 하더라고요. 타다 창업주는 지금 굉장히 화가 날 수 있을 것 같기도 하고, 서비스 모델 아이디어는 자기가 냈는데 실질적으로는 남한테 빼앗겨버린 꼴이니까요. 서비스도 타다가 참 좋았던 것 같기도 한데 그런 것들이 묻혀버리는 게 좀 안타깝더라고요. 그래서 그런 걸 해결하는 게 정치의 영역이 아닌가 싶기도 하고요.

안철수 우리나라 정부나 정치권은 항상 다음 선거만 의식하고 욕을 안 먹으려 하는 게 심한 편이에요. 국민 세금을 받고 일하는 이유가, 욕먹더라도 국가의 미래를 위해 해야 할 일을 하라는 거 아닌가요? 자기가 있는 동안만은 문제만 안 생기게 관료적으로 관리만 하려고 하면, 그런 나라는 미래가 없어요.

4. 문재인 정부 부동산 정책 폭망과 해법

진중권   문재인 정부의 가장 아킬레스건이 부동산 가격 폭등인데
요. 이른바 임대차3법이 문제 아닙니까.

안철수   돌이켜보면 문재인 정부는 공급은 하지 않고, 시장하고 싸우
기만 했죠.

진중권   시장하고 지금 싸우고 있는데, 임대차3법에 대한 평가는 어
떻습니까? 한편으로는 부동산 불로소득도 문제 아닙니까,
지금 한국에서는 불평등 구조가 사실은 소득 격차보다도 오
히려 자산 격차 때문에 생기는 것이고요. 그러다보니까 과
거에는 '벼락부자'라는 말이 있었는데 이제 '벼락거지'라는
말이 있어요. 일 안 하고 떼돈을 버는 것을 삶의 모델로 삼

고 있던 일반 사람들까지도 집값이 상승해서 뛰는 것을 보고 이젠 허탈감 같은 게 나타나는 현상이라고 보는데요. 이제 어떤 식으로든 간에 그 불로소득을 국가가 환수해서 다시 재분배를 하는 건 맞다고 보는데, 다른 한편으로는 이게 시장을 이길 순 없지 않습니까.

안철수 저는 한번 생각해봤어요. 제가 만약에 지난 2017년 대선에 당선된 후, 작심하고 부동산값이나 전셋값을 올리려는 목적으로 정책을 만들었다 해도, 지금 이 정도까지는 못 올리겠더라고요. 정부 정책이 처음부터 나쁜 의도로 만들어질 리는 없겠지만, 방법이 잘못되어 국민들께서 피해를 입은 것 아니겠습니까? 결국은 시장의 기본 중의 기본은 수요공급의 법칙인데, 그걸 무시하고 공급을 등한히 한 것이 정책 실패의 첫째 이유인 것 같고요. 그다음으로 공급이 부족한 상태에서 공급 문제를 해결하지 않고, 전세 인상폭을 제한하는 것과 같은 가격 정책을 폈다는 점. 마지막으로는 민간의 역할을 완전히 무시하고 공공이 모든 걸 다 할 수 있고 해야 된다고 인식한 것 등이 정책 실패의 주요 이유들이겠죠.

진중권 국가에서 부동산 시장에 개입할 때 국가에서 해야 할 역할이 뭐라고 생각하십니까?

안철수 부동산 정책의 목표는 3가지 아닙니까. 실수요자들은 적정한 가격에 집을 구입할 수 있게 해주고, 사회적 약자에 대해서는 주거 복지를 제공해주고, 그리고 투기는 근절하는 게 기본적인 목표죠. 이런 3가지 목표 아래 부동산 가격을 안정화시켜야 한다고 생각해요. 주거 빈곤층으로 전락한 청년층에 대해서는 임대주택을 포함해서 주거 복지를 제공해주는 게 정부의 역할이라고 보고 있고요. 문제는 현행의 청년 임대주택은 청년들이 원하지 않는 크기와 위치의 임대주택이거나, 청년이 돈을 내기 불가능할 정도로 비싼 임대주택이기 때문에 지금이라도 이런 문제들은 바로 잡아야 합니다.

사실 부동산 가격이 급격히 오르는 것도 문제지만, 급격하게 떨어지면 중산층들이 무너지는 구조로 돼 있습니다. 중산층 자산의 80% 정도가 집이기 때문입니다. 따라서 국민들에겐 부동산 가격 안정이 중요합니다. 그러나 정부는 부동산 정책 실패로 집을 사려는 무주택 실수요자들이 집을 사기 어렵게 만들었고, 살고 있는 집 한 채 가지고 있는 사람들은 세금 폭탄 때문에 세금 낼 돈도 없는 데다 거래세를 높여 집을 팔수도 없게 만들었어요. 평생 일해 집 한 채 겨우 마련해서 주거 안정이 된 사람들을 세금 폭탄으로 주거 불안정으로 만들었죠. 결과적으로 투기 세력은 벼락부자 만들어주고, 서민과 청년들은 벼락거지 만든 최악의 결과를 만들었어요.

진중권 우리나라는 이제 보유세도 높고 거래세도 높고요.

안철수 둘 다 높은 나라는 없는 것 같은데요. 보유세가 높으면 거래세가 낮거나, 보유세가 낮으면 거래세가 높은 경우가 대부분이죠.

진중권 보유세를 강화하고 거래세를 낮춰야 되는 거죠?

안철수 저도 그렇게 생각합니다. 예전에 우리는 거래세는 높은데 보유세는 낮았지 않습니까. 미국은 반대로 거래세는 낮고 보유세가 높죠. 그런데 문재인 정권 들어와서는 둘 다 높은 상황을 만들어버리고 말았습니다. 보유세가 높아졌으니 거래세를 다시 낮추는 방향으로 가야, 매물도 나오고 부동산 가격이 좀 안정될 것 같습니다.

진중권 또 하나는 공급이 부족하다 그러는데 사실상 수도권에선 지금 택지가 없지 않습니까. 부동산은 일반 상품과 달리 수요가 늘어나면 공급을 무한히 늘릴 수가 없어요. 토지라는 것이 굉장히 특수한 재화라서 한정되어 있기 때문에 문제가 발생하는데요. 특히 여당 대선주자들이 100만 호, 150만 호 공급 얘기를 하거든요.

안철수 공급 문제에서 생각해야 할 첫 번째는 전체적인 공급 숫자이겠죠. 두 번째는 새 아파트에 대한 수요는 따로 존재하기 때문에 충분한 숫자의 오래된 아파트로는 그 수요를 충족하지 못한다는 점을 알아야 해요. 세 번째는 위치에 따라 수요가 다른데, 그것은 다른 위치에 공급을 늘린다고 해결된 문제가 아니죠. 즉, 도심 특정 지역에 수요가 많은데, 멀리 떨어진 다른 지역에 아파트를 많이 짓는다고 해서 특정 지역의 수요를 충족시킬 수 없죠. 그런데 현재 정부 정책은 첫 번째만 생각한 단순한 숫자놀음 정도인 거 같습니다.

진중권 그래도 택지에 대한 대안을 갖고 나오신 분은 정세균 후보밖에 없는 것 같아요. 학교를 품은 아파트라고 하죠.

안철수 그것도 바람직한 건지 저는 모르겠어요. 수도권의 경우 택지가 부족한 것은 사실이지만, 그래서 우선 재개발, 재건축을 전향적으로 추진해야 하고요. 지역에 따라 용적률을 상향한 고밀개발이 불가피하다고 생각해요. 또 공공에서만 다 하고 민간을 배제하는 형태는 바람직하지 않다고 봅니다. 민관 협력을 통한 재개발, 민간의 재건축 활성화, 그리고 공공의 임대주택 건설로 역할 분담을 해서 공공성과 주거 안정을 강화해 나가야 해요. 그렇다고 그냥 민간에게만 맡겨서 난개발이 벌어지거나, 이번 대장동 게이트와 같이 특정인에게 이익 몰아주기식의 범죄가 벌어지지 않도록 적절한 관리 감독도 필요합니다.

진중권 재개발 같은 걸 하면 특히 공공 인프라 문제도 있고 거기가 공공의 비용이 들어가는 건데, 그리고 사실은 그 인프라가 견뎌낼 수 있는 한계도 좀 있는 것 같고요.

Ⅱ. 강한 공동체 대한민국

안철수   그래서 재개발은 민간과 공공이 역할 분담을 잘해야 합니다. 재건축은 민간이 주도하고, 인프라는 공공이 감당하는 식으로 해야겠죠. 주거 복지에 대해서는 공공이 전적으로 담당하고, LH공사의 역할도 사실은 주거 복지를 담당하는 역할로 조정되어야 맞는 것 아니겠습니까?

5. 공정거래위원회의 독립과 권한 강화가 중요

진중권 문재인 정부가 들어와서 공정한 경쟁을 주장하고, 그 대표
적인 게 대기업과 중소기업 사이의 게임의 룰을 감시하고,
시장경제의 독점화를 방지하는 것들이 굉장히 중요한 정부
의 역할일 텐데 재벌총수 이재용 부회장을 풀어줬어요.

안철수 저도 그래서 비판했어요.

진중권 이런 건 어떻게 봐야 되는 겁니까? 진보나 보수나 결국은 재
벌 앞에서면 똑같아지잖아요?

안철수 기업과 기업주를 분리해서 생각하는 게 당연한데, 우리는
아직도 둘을 동일시하는 옛 사고방식에 젖어 있는 것 같아

요. 정치 분야에서는 대통령 뽑는 게 아니고 왕을 뽑는다고 생각하는 것 같고요. "나쁜 기업은 없다. 나쁜 기업주가 있을 뿐이다"라고 말했던 기억이 나요. 반기업 정서도 사실은 나쁜 기업주 때문에 생겨난 거죠. 그래서 기업과 기업주는 별개로 보고, 기업주가 잘못 한 일이 있다면 국민의 한 사람으로서 법 앞에서 평등하다는 정신을 지켜야죠.

진중권 대기업과 중소기업 격차와 관련하여 대기업 노동자들이 엄청나게 잘 벌고 중소기업 노동자나 다시 그 밑의 비정규직은 계층화되어 있어요. 사실은 밑으로 내려갔어야 할 사회적 부들을 위에서 가로채고 있는 구조고요. 그 부를 가지고 대기업 노동자와 사용주들은 일종의 동맹을 맺는 그런 형태인데요. 이런 사태가 지금 현 정권으로 와서 어떻게 개선이 됐다고 보시는 거죠?

안철수 더 나빠진 거 아닙니까? 이 정부의 노동 정책은 기득권 노동자의 기득권을 강화하는 정책이었다고 봅니다. 그러다보니 미취업 청년들을 위한 일자리를 만들지 못하고 되고, 비정규직과 협력업체 직원들 처우가 개선되지 못하는 거죠.

또한 세계적인 추세에 따라 비정규직을 정규직화하기보다는, 비정규직 일자리를 안정화하고 처우를 개선하는 방향으로 노동 개혁을 하는 것이 맞는 방향이죠.

그리고 대기업과 중소기업 격차 문제를 말씀하셔서 생각난
건데, 제가 벤처기업 CEO를 할 때 대기업과 중소기업 간의
불공정 사례를 많이 봤어요. 기술력 좋은 벤처기업이 있으
면 한 대기업이 우리하고 계약하자고 제안해요. 그런데 조건
은 독점계약이죠. 다른 대기업에 납품하지 말라는 거예요.
벤처기업 입장에서는 한 대기업에 당장 납품할 수만 있다면
독점계약 문제는 나중에 해결하면 되겠지라고 생각하고 계
약을 해요. 그런데 그 순간에 그 대기업이 만든 일종의 '동
물원'에 갇히는 겁니다. 처음에는 후하게 쳐주는데 한 해 두
해 지나고 다음 계약을 할 때는 회의에 불러서 "회사 재무
제표 가지고 와" 이러거든요. 재무제표를 보고 "인건비 얼마
들고 원가 얼마 들었으니까 이익 요만큼만 쳐줄게" 하게 되
거든요.

진중권 단가를 후려치는 거죠?

안철수 후려쳐서 인력파견업체 정도의 이익밖에는 안 쳐주는 겁니
다. 이렇게 되면 새로운 기술개발에 투자하기가 어렵게 되죠.
다른 곳에 납품할 길도 막혀 있고요. 처음 아이디어만 가지
고 돈이 없어서 월급도 안 받으면서 만든 그 기술의 수준에
서 더 발전하지 못하게 되죠. 그러니까 동물원에 갇혀서 이
용만 당하고, 기술이 시대에 뒤처지게 되면 말라 죽는 거죠.
동물원 안에서 그냥 고사하는 거예요.

진중권 바로 그때 정부의 역할이 있는 것 아니겠습니까?

안철수 그럼요, 정부의 중요한 역할 중의 하나가 시장이 공정하게 작동하는가를 항상 감시하는 거죠. 그냥 놔두면 무법 천지가 되면서 약육강식의 정글이 되거든요. 그 일은 하는 것이 공정거래위원회입니다. 그런데 실제로는 중소기업이 공정거래위원회에 대기업을 고발하는 일은 드뭅니다. 고발한 사실이 알려지면 대기업이 거래를 끊어버리고 중소기업이 어려움에 빠지기 때문이죠. 용기를 내서 고발을 하는 경우에도, 한없이 시간을 끌어서 기다리다 죽거나 아니면 엉뚱하게 문제가 없다고 결론이 나거나 솜방망이 처벌만 하는 경우도 많다고 들었습니다. 그래서 저는 공정거래위원회가 제대로 역할을 하는 것이 매우 중요하다는 문제의식하에 개혁 방안에 대한 연구를 많이 했습니다.

진중권 그 상황이 지금 아직도 계속되나요?

안철수 제가 후배들과 이야기해보니 안 변했다고 합니다. 공정거래위원회에 근무하다가 퇴임하면 대기업이나 법률 회사로 가서 공정거래위원회에 있는 후배들 대상으로 대기업 편에서 로비를 하면서 전관예우를 받는다고 들었습니다.

진중권 공정위에서 삼성으로 취직하고요.

안철수 그 선배들을 보고 후배들이 봐줘서 솜방망이 처벌하는 게 전관예우죠. 그래서 더욱 공정거래위원회가 제 역할을 할 수 있도록 개혁하는 것이 중요합니다. 제가 미국에 있을 때 공정거래위원회를 가봤거든요. 이야기를 하다가 임기에 대해 물어봤어요. 당시에 미국 공정거래위원들은 임기가 5년 이래요. 그래서 왜 5년이냐고 물어봤더니, 대통령 임기 4년 보다 길어야 되니까 5년으로 정했다고 하더라고요. 대통령보다 임기가 길게 해서 대통령이라도 자기 임기 내에 모든 공정거래위원들을 자기 사람으로 바꾸기 힘들게 만들어놓은 거예요. 너무나 상식적인 말인데 너무나 와닿더라고요.

진중권 그런데 우리나라 같은 경우에는요?

안철수 우리나라는 3년이에요.

진중권 그런데 우리나라 같은 경우 또 여야가 별 차이가 없잖아요. 어차피 진보 대통령이 되나 보수 대통령이 되나 삼성 풀어주는 건 마찬가지라서요.

안철수 우리나라는 대통령 임기 5년인데, 공정거래위원은 3년이고, 게다가 3년 임기 못 채우는 사람도 많이 있답니다. 그러다보니 독립성이 없죠. 그다음에 제가 독일에 있을 때 독일의 공정거래위원회를 방문하려 한 적이 있어요. 저는 당연히 베를린에 있는 줄 알았는데, 본에 있다는 거예요. 왜 공정거래위원회가 베를린이 아닌 본에 있냐고 질문했어요. 그랬더니 서독과 동독이 통일되면서 많은 정부 부처들이 베를린으로 옮겼고, 그때 경제 부처도 베를린으로 갔대요. 그걸 보고 원래 베를린에 있었던 공정거래위원회는 오히려 본으로 떠났대요. 왜 그렇게 했냐고 물어봤어요. 그랬더니 공정거래위원회는 사실상 경제 분야의 준사법 기관인데, 경제 부처와 같은 도시에 있다 보면 서로 식당에서 만나고 접촉이 잦아지기 마련이어서 그걸 막으려고 다른 도시로 떠났대요. 반면에 우리나라는 경제 부처와 공정거래위원회가 사이 좋게 같이 세종시로 옮겼거든요. 그러니까 이런 기본 개념부터 다르더라고요.

이렇게 미국과 독일의 두 가지 에피소드를 들려드린 이유는, 이러한 경험을 통해서 공정거래위원회의 개혁 방향에 대해 생각을 정리할 수 있었기 때문이에요. 제가 생각하는 개혁 방향은 독립성 강화, 권한 강화, 그리고 투명성 강화예요. 공정위의 독립성을 강화해주고 권한도 더 주되, 결정 과정의 회의록 전문을 공개하는 등 투명성을 강화하면 담합이나 이해할 수 없는 판단 같은 것이 발붙이지 못할 겁니다. 독립성 강화를 위해서는 공정거래위원의 임기를 늘리고 국회 표결을 통과하도록 하는 등을 해야겠죠. 권한 강화는 미국의 공정거래위원회 정도 수준을 생각하고 있어요. 미국은 시장에서 독과점의 폐해가 클 경우 기업을 분할할 수 있는 권한이 있어요. 대표적인 사례가 1982년 통신 공룡 AT&T가 전화 사업을 독점할 때 회사를 지역별로 7개로 쪼갠 적이 있어요. 독점일 때는 경쟁이 없으니 혁신을 할 필요가 없고 소비자들에게 잘 보일 필요도 없었는데, 쪼개진 다음부터는 서로 혁신 경쟁에 돌입해서 미국을 지금의 통신 강국, 인터넷 강국으로 만든 거죠.

공정거래위원회는 한두 기업이 독과점 하는 것을 막고 중소기업과 대기업 간의 거래가 공정하게 이루어지게 하는 것이 주 임무예요. 공정하게 경쟁할 수 있는 시장을 만들면 그 혜택은 일차적으로는 소비자들에게 돌아가고, 동시에 경쟁력 있는 기업의 경쟁력을 더 높여 글로벌 시장에 진출할 수 있는 기반을 만들어주게 되는 것이죠.

6. 4차 산업혁명시대 정부의 역할 전환 필요성

진중권   우리가 중국을 앞서 있는 분야가 메모리 반도체와 스마트폰 일부인 것 같고요. 얼마 전에 인공지능학회에 가서 인공지능과 예술 쪽으로 참가를 했는데 우리가 참 많이 뒤처졌더라고요.

안철수   뒤처진 지 오래됐죠. 인공지능 분야는 2017년부터 중국에 뒤처졌고, 지금은 격차가 더 벌어지고 있어요.

진중권   중국 학자들이 우리 학자들보다 이미 담론 자체가 한 세대 앞서 있더라고요. 그래서 제가 좀 충격을 받았어요. 중국 학자들은 벌써 철학과 인공지능의 결합을 연구하는데, 우리는 앞서서 '인공지능이 인간을 대체할 것인가' 이런 얘기를 하고 있으니까요.

안철수   정부도 개념이 없는 거 같아요. 사실 인공지능의 제일 기초
가 되는 데이터가 인문학과 정부 데이터입니다. 예를 들어,
인공지능 분야에서 한국어 인식 기능이 뒤떨어지는 이유는
IT 기술이 부족해서가 아닙니다. 한국어 연구에 충분히 투
자를 안 해서입니다. 저는 4차 산업혁명시대인 지금이야말
로 인문학에 제대로 투자해야 한다고 생각해요. 그리고 데
이터가 쌓일 수 있는 인프라를 만들고요. 정부 데이터도 안
보와 관련이 없는 것이라면 모두 공개해야 해요. 미국은 이
미 오바마 정부 때부터 그렇게 했어요.

진중권   대선을 앞두고 경제를 강조하시는 분에 대해서는 어떻게 생
각하시나요?

안철수   대선 구호로 '경제대통령'은 시대착오적이라고 생각해요. 그
말에는 대통령이 경제를 직접 살리고 고용을 창출할 수 있
다는 의미가 포함되어 있는 거 아니겠어요? 그런데 사실 경
제는 민간이 살리는 거지, 정부가 살리는 게 아니거든요. 만
약에 정부가 재정을 투입해서 경제를 살릴 수 있다면, 지구
상에 못사는 나라가 없을 텐데요? 엄청난 재정을 쏟아부은
일본에서 '잃어버린 20년'도 없었겠죠. 그래서 경제대통령이
라는 말은 시대착오적이라고 생각하는 거예요. 오히려 정부
는 정부가 해야 할 기반을 만드는 일을 하고, 민간이 그 기

반 위에서 자율성과 창의력을 발휘해서 고용을 창출하고 경제를 살리게 해야죠.

진중권 특히 4차 산업혁명시대가 본격화한 시기에 정부는 어떤 역할을 해야 할까요?

안철수 정부가 해야 할 가장 중요한 기반 세 가지는, 첫 번째가 '과학기술'이에요. 과학기술에 대한 제대로 된 그리고 효과적인 연구개발 투자는 지금의 세계적인 과학기술 패권 전쟁 시대에 정부가 해야 할 핵심적인 역할이죠.

저는 '초격차'라는 말을 처음 들었을 때 무릎을 쳤어요. 삼성전자가 메모리 반도체에서 계속 1위를 하는 이유가, 2위와의 격차가 웬만한 수준이라면 금방 추월당할 수도 있지만, 경쟁업체들이 거의 못 따라올 정도의 격차, 즉 '초격차'를 계속 유지하기 때문이래요. 그래서 저는 우리가 해야 할 일은 반도체 분야뿐 아니라 디스플레이, 이차전지, 원전, 콘텐츠 산업 등 지금 세계 일류 그룹에 속하지만 아직은 초격차를 만들지 못한 분야를 먼저 후보로 두고 총력을 다해야 한다고 생각해요. 그건 우리나라의 능력으로 얼마든지 가능한 일이거든요.

두 번째는 '인재 양성'이죠. 4차 산업혁명시대에 살아갈 아이들이 처음 맞닥뜨리는 상황에서도 문제해결 능력이 있고 창의력을 발휘할 수 있게 하는 교육 개혁이 반드시 필요해요. 그건 민간에서 할 수 없는 일이고 시간도 굉장히 오래 걸리는 일이니 교육 개혁을 더 이상 늦출 수 없어요. 지금 시대에 맞는 교육 개혁을 통해 인재를 양성하는 것만이 우리나라가 살 길이죠. 우리나라가 산업화에 성공할 수 있었던 가장 중요한 이유가 50년대에 의무 교육을 도입하면서 거의 대부분의 사람들이 초등학교 이상을 졸업하게 되었고, 그 사람들이 60년대부터 산업화의 주역으로 활동하게 되었기 때문이었다고 해요. 우리나라가 4차 산업혁명시대에 성공하기 위해서는 준비된 인재 양성이 필수적인 이유이죠.

세 번째가 '경제 구조 개혁'입니다. 경제 활성화를 위한 세 가지가 가장 중요하다고 생각하거든요. 첫째, 자유. 기업과 개인에 대한 안전규제는 필요하지만 새로운 분야와 서비스에 대한 지나친 규제는 독이거든요. 기업과 개인의 자유가 필요하고 그래야지 창의력을 발휘하고 도전할 수 있는 것이고요. 둘째, 공정. 실력만 있으면 성공할 수 있고, 중소기업도 대기업하고 진검 승부를 해서 이길 수 있도록 하는 게 공정이라고 생각해요. 그건 사실 경제 구조뿐 아니라 사회 모든 분야에 꼭 필요한 가치이고요. 셋째, 사회적 안전망. 한 번 도전했다가 실패한 사람도 재도전할 수 있는 패자 부활이 가능한 환경이 필요해요. 한 번 실패했다고 다시 재기하지 못하게 금융 사범을 만들어버리면, 아무도 도전을 하지 않게 되고 사회 전체로도 손해니까요. 그리고 아예 도전할 기력도 없는 사회적 약자는 따뜻하게 품어줘야지 그 사회가 제대로 유지가 될 수 있는 것 아니겠습니까.

진중권   그동안 정부의 역할에 대해서는 어떻게 평가할 수 있을까요?

안철수   경제 구조 개혁에서 가장 중요한 건 자유, 공정, 안전망이라고 말씀드렸죠. 여기서 보면 자유는 정부가 손을 떼는 거고요. 그다음에 공정과 안전망은 정부가 개입하고 투자를 해야 되는 분야입니다. 그런데 문재인 정부를 포함해서 사실 그전 정부들 다 보면 세 가지 모두 반대로 했습니다. 그야말로 청개구리식이죠. 기업에게는 개입하거나 규제로 자유를 빼앗고, 정말로 관심을 가지고 바로잡아야 될 공정한 경제 구조, 그리고 투자를 해야 될 사회적인 안전망은 버려뒀어요. 정부가 해야 할 중요한 핵심 세 가지를 모두 반대로 했던 게 지금까지 대한민국 정부였고, 이런 상황에서 경제가 계속 침체되고 잠재성장률이 떨어지는 건 너무나도 당연한 결과거든요.

저는 지금이 인류 문명사적인 대전환기라고 봅니다. 사람들의 삶의 양식이나 문화가 바뀌고, 과학기술 발전이 급속하게 진행되고, 국가 간 과학기술 패권 전쟁이 일어나고 있는 시점에 와 있습니다. 그러나 우리나라는 아직도 개발독재시대의 관성에 빠져 있어요. 박정희 대통령 시대에는 그야말로 관치경제, 사회주의식 계획경제로 산업화를 이루었어요.

달리다가 옆에 있는 동료가 넘어지면 손잡아줄 여유가 없어 그냥 밟고 지나가고, 빨간 신호등도 무시하고 앞으로 달리기만 했죠. 그러나 이제는 우리도 세계 10대 경제 대국이어서 몸은 커졌는데, 정부와 정치권의 생각은 옛날 그대로인 게 우리의 발목을 잡고 있어요.

이제는 정말로 기업과 민간에 자유를 주어야 해요. 아카데미상까지 석권하는 민족인데 세계무대에서 창의적 재능을 꽃피우게 해줘야 합니다. 그리고 정부는 공정한 시장을 만들고 사회적 안전망을 만드는 데 신경을 써야 한다는 점을 다시 말씀드려요.

7. 한미동맹과 한중관계

진중권 대륙 세력인 중국은 해양으로 진출하려고 하고, 미국은 우리나라와 일본, 대만, 호주, 인도로 중국을 포위하는 형국에서 중국이라는 나라가 사실은 우리랑 좀 가치관이 너무 달라서요.

안철수 국가 운영 시스템도 다르고요.

진중권 홍콩 사태라든지 아니면 신장위구르 인권 문제라든지 중국 내에서 벌어지는 문제들, 그다음에 중국 내부의 국가주의 내지는 민족주의적인 분위기들 보면요. 저희 동네도 보면 중국 관광객들이 와서 식사하는 식당이 있고 이 사람들이 밥 먹고 나와서 잠깐 기다리는 동안 들어가는 슈퍼마켓이 있었는데 우리 동네 식당과 슈퍼마켓이 문을 닫았더라고요.

안철수 관광객이 완전히 끊어져서요?

진중권 문을 닫아버렸더라고요. 동맹이라는 게 그냥 힘의 문제만이 아니라, 각각의 나라들이 추구하는 가치의 문제이기도 해서 굉장히 중요하지 않습니까? 사실 세계를 선도하는 역할을 하는 미국도 과거에 굉장히 나쁜 짓을 많이 했고 또 지금도 나쁜 짓을 많이 하고 있지만요. 그럼에도 불구하고 전체적으로 미국이 추구하는 가치라든지 이런 면에서 우리랑 합치되는 부분들이 있기 때문에 우리는 중국에 붙을 수는 없는 거잖아요. 그래서 나름대로 전략적 모호성을 취하는 건 특정한 분야에서는 나쁘지 않다고 보는데요, 그렇다고 동맹에 대해서도 우리가 모호성 같은 불씨를 주거나 그런 수준까지 가서는 좀 안 되는 것 같고요.

안철수 앞으로는 미국과 중국으로부터 선택을 강요받는 상황이 계속 생길 겁니다.

진중권 일단은 우리가 한미동맹과 관련하여 어떤 길을 갈지는 좀 분명히 하는 가운데 중국을 자극하지 않는 선에서 외교 관계를 풀어가는 게 좋을 것 같고요. 한미동맹은 굉장히 중요한 전략적 자산이긴 하지만, 미국의 국익과 우리의 국익이 충돌하는 부분들도 생겨나는 거 같아요. 그다음에 사실 우리가 쓰는 국방비가 북한의 전체 예산 규모거든요. 사실상 그것보다 많은 상황 속에서도 전시작전통제권 환수가 좀 안 되어 있는 것 같고요. 그래서 모종의 조정은 좀 필요하지 않나 이런 생각은 들거든요. 이런 점들 어떻게 생각하시는지 궁금합니다.

안철수 그나마 저는 다행으로 생각하는 것 중 하나가 지난 5월 한미정상회담에서 한미 미사일 지침을 해제한 점입니다. 1979년 박정희 정부 당시 미국으로부터 미사일 기술을 이전받기 위해 체결한 것이거든요. 반대급부로 미국에 양보한 게 많겠지만, 미사일 지침 종료로 이제는 최대 사거리 및 탄도 중량 제한이 해제되어 한국이 미사일 주권을 확보한 것으로 평가할 수 있어요. 이제는 우주산업시대도 열 수 있고요. 한미동맹은 미래 지향적으로 발전시켜 나가고, 우리나라가 국제적으로 공헌하는 국가가 되는데 제약이 있는 부분들은 정상화시키는 게 맞다고 보고요.

우리는 미국이 우리의 안전을 보장한 바탕 위에서 발전해온 것 아니겠습니까? 그래서 한미동맹이 훼손되는 일은 없어야겠지만, 동시에 세계 10위권의 경제력과 국제적 위상에 걸맞게 이제는 다원적 외교를 펼쳐야 되는 시대가 온 것 같아요. 아세안 국가들, 유럽 국가들, 아프리카 국가 등과의 외교로 다변화하고, 다자외교의 틀로 접근하여 국익을 극대화해야 한다고 생각해요.

8. 한일관계와 소부장 독립

진중권 일본 문제에 이른바 '소부장(소재·부품·장비) 독립' 이렇게 얘기를 하는데, 어느 정도 일본이 소부장 부분에서 그것을 전략무기화 함으로써 우리한테 타격을 주려고 했는데요. 사실상 우리가 큰 타격을 입은 건 없고, 오히려 일본 기업들이 타격을 받았고요. 그러나 우리나라 정부와 언론에서 떠든 것처럼 일본이 심대한 타격을 받은 것도 아니고요. 소부장에 대한 의존도는 크게 달라지지 않은 거 같아요.

안철수 글로벌 가치 사슬로 분업화된 상태죠. 그리고 소부장은 쉽게 개발하거나 따라가기는 힘듭니다.

진중권 이게 일종의 분업 체계가 되어서요. 우리가 독립운동을 하듯이 소부장에서 '만세~ 대한독립 만세~' 하듯이 사실 경제적으로는 합리적인 선택은 아니잖아요. 또 다른 한편으로는 소부장 산업을 우리가 모든 걸 다 대체할 수 없다 하더라도 우리가 집중적으로 발전시킬 필요는 있는 것 같은데 여기에 대한 생각은 어떠십니까?

안철수 소부장 쪽은 끊임없이 우리가 자체적인 경쟁력을 가질 수 있도록 지원하고 키우려고 노력해야죠. 코로나19로 인한 국경 봉쇄 사태가 있었듯이 앞으로 글로벌 공급망이 어떻게 바뀔지 알 수 없기 때문이기도 해요. 일본과는 외교 분야와 경제 분야를 따로 떼서 투 트랙으로 접근해야겠죠. 역사 문제, 경제 문제, 과학기술 문제를 하나의 바구니에 넣고 일본과 상대하는 것은 바람직하지 않아요. 이제는 이런 악순환의 고리를 끊으면 좋겠어요.

진중권 다른 선진국들은 이런 문제를 어떻게 풀어나가죠?

안철수 저는 바로 직전 이스라엘 대사와 친했던 편이었는데, 임기를 마치고 귀국한다고 해서 같이 식사를 했어요. 이야기 도중에 지금 이스라엘과 가장 밀접한 관계에 있는 나라가 어디인지 아느냐고 묻더라고요. 그래서 미국이냐고 그랬더니, 독일이라는 답이 돌아왔어요. 저는 이해가 안 돼서 다시 질문했어요. 아니, 독일은 2차 세계대전 때 엄청나게 많은 유태인을 죽였잖아요. 어떻게 보면 우리나라가 일본에 가진 원한처럼 엄청난 원한을 가질 법한 나라일 텐데, 어떻게 그렇게 밀접한 나라가 되었는지 물었어요. 이스라엘인으로서 역사적인 비극은 지구가 끝날 때까지도 잊을 수 없고 잊어서도 안 되지만, 지금 서로 상호 보완적으로 도움을 주고 미래 발전을 위해서 필요로 하는 나라가 독일이기 때문이라고 하더라고요.

그런데 우리나라와 일본의 관계가 독일과 이스라엘처럼 좋은 관계로 발전하지 못하는 근본적인 차이점이 있지 않습니까? 독일은 반복해서 진심으로 사죄하는데 일본은 한 번도 진심으로 사죄한 적이 없어요. 그런데 일본 사람들의 이야기를 들어보니 한국에 이미 사과했는데 왜 또 사죄하라 그러냐고 반문하더라고요.

진중권   사과의 의미가 좀 다른 거 같아요. 한국 사람들이 생각하는 사과라는 것은 한 번 사과했으면 앞으로는 그런 짓 안 하겠다는 것으로 이해하거든요. 그러나 일본 사람들은 사과를 해놓고 또 똑같이 행동해요. 그렇게 되면 우리는 계속 또 사과하라고 요구합니다. 그러면 일본 사람들은 지난번에 사과하지 않았냐고 반문하거든요? 그러니까 그런 문화 차이가 있는 것 같아요.

안철수   독일은 일본처럼 그러지 않죠.

진중권   독일은 그냥 일관되게 사과하니까요. 그러니까 이게 문화 차이인데요. 우리나라는 문인들의 정권이었고 일본은 무인들의 정권이잖아요. 거기서 나오는 멘탈리티 차이가 있는 것 같아요. 일본의 경우에는 사과를 한다는 것이 일종의 전술적·전략적 사과로 받아들이고요. 우리는 진심으로 다시는 그런 짓을 하지 않는 윤리적인 사과로 이해하니까 말이 안 통하는 거죠. 지난번에 사과했는데 왜 또 하라고 하느냐고 묻잖아요. 우리한테 중요한 것은 배상금 몇 푼 이런 것이 아니라 역사 왜곡 중단하고, 과거사를 반성했으면 자라나는 아이들에게 왜곡된 역사를 가르쳐서는 안 되는 거죠.

안철수 사실 돈보다 미래 세대에 대한 올바른 역사 교육이 더 중요하죠.

진중권 그게 중요한 부분인데 일본은 '너희들 또 돈 달라는 얘기 아니냐?'라고 생각해버리고 거기서 오해가 생기는 것 같아요.

안철수 독일에 있을 때 2차 세계대전 때 유태인들을 가두었던 '다하우(Dachau) 강제 수용소'에 갔어요. 독일인 해설사들의 말을 듣다보니, 독일 사람들은 나치와 일반 독일인을 분리해서 생각하는 것 같아요. 나치는 일반 독일인과는 다른 사람들이고, 이들을 강력하고 철저하게 처벌한 독일인들은 도의적인 책임은 있지만 약간은 떳떳한 마음으로 사과하는 것 같았어요. 그런데 일본은 사실 전범의 최고책임자가 천황인데도 독일처럼 강력하게 처벌한 적이 없고, 전범들과 일반 일본인들을 분리하지도 않았잖아요.

진중권 저는 이게 정체성 문제 같아요.

안철수 일본은 전범과 일반 일본인의 정체성이 완전히 분리되지 않은 상황이니, 독일처럼 떳떳한 마음으로 사과하지 못하는 것 아닌가 싶어요. 사실 독일처럼 정체성을 분리하고 강력하게 처벌한다면 사과해도 부끄럽지는 않잖아요. 어떻게 보면 독일 사람들은 사과를 의무처럼 받아들이기도 하더라고요.

진중권 문화적으로 보면 죄책감의 문화와 수치심의 문화 차이로 보입니다. 죄책감의 문화는 내가 어떤 범죄를 저질렀을 때 이미 죄가 발생하는 거고 수치심의 문화에서는 그 사실이 드러났을 때 죄가 발생하는 거니까 나름대로 자기들이 죄를 짓지 않으려고 그러는 것 같아요. 일본 사람들에게는 과거를 반성한다는 것 자체가 일본적 정체성을 포기한다는 것으로 받아들이는 문화적 차이가 있는 상황이에요. 그래서 너희가 무조건 잘못됐다라고 지적하는 방법보다 오히려 그들에게 문화적 차이에 따른 독일과의 차이를 보여주면서 장기적인 과제로 끌고 나가는 게 맞지 않나라는 생각도 좀 해봐요. 지금은 그냥 부딪치면 감정 대립만 되거든요. 그러면서 혐한, 혐일만 심해지고 그게 사실 양국 간의 오해를 해소하는 데 도움이 되지는 않거든요. 점점 더 심해지고 있고요.

안철수　한일 관계도 이스라엘-독일 관계처럼 역사적인 문제와 경제적인 문제, 과학기술 문제, 국가 시스템 문제, 이런 것들은 분리해서 접근하는 게 맞는 것 같아요. 지금까지 한일 관계에서 제일 바람직한 모델이 김대중-오부치 한일 파트너십 공동선언 같아요. 자민당 출신의 오부치 총리가 직접 사과하고 협력했던 그 상황으로 다시 돌아갔으면 좋겠어요. 지금은 일본 정부 당국자들은 물론이고 일반 일본인들까지 마음이 상한 상태여서 그 시절로 돌아가기는 힘들다고 하더군요. 그렇더라도 김대중-오부치 시절과 같이 관계 복원 노력을 하는 것이 양국에게 좋을 것 같아요. 진짜로 일본에 복수하고 싶다면 중장기적인 과제로 극일, 즉 우리가 일본보다 더 잘되면 되는 것 아니겠습니까? 이것이 일본에게 제대로 이기는 길이죠.

진중권　그래도 올림픽이나, 축구, 배구 등 일본과 경기하면 우리가 이겨야죠. 이유는 없지만 그냥 이겨야 될 것 같아요. 그런데 문제는 한국과 일본의 양 정권에서 정치적으로 이용을 해먹는 게 문제예요. 문재인 정권은 반일 정서를 이용하고요.

안철수　한국과 일본 정부 모두 마찬가지죠.

진중권　김어준이 총선도 한일전이라고 그랬어요. 정부 여당 쪽은 항상 그런 식의 퇴행적인 모습을 보여줬고요. 정치인들도 반일 정서로 이용해먹는 게 많았거든요. 그게 문제인데, 그건 고

치기 힘들잖아요.

안철수 일본도 옛날엔 덜했는데 요즘 더 심해지는 것 같아요. 양국
정치권에서 서로 국내에서 정치적 이득을 위해 부추기는 게
제일 문제죠.

진중권 일본 국민들도 최근에 완전히 혐한이 됐더라고요. 뭐랄까
현실의 불만 같은 것들을 한국 사람들한테 투사해서 해소
하는 것으로 느껴지는데요. 일본이 90년대에 엄청 잘나가
다 최근에는 침체된 상황인데, 한참 아래로 봤던 한국이 추
격해오고, 중국도 지금 무섭게 치고 올라와 있다 보니까요.
일본인들의 그런 상실감들을 혐한으로 투사하고 정치인들
이 그걸 이용하고 있어요. 그런데 지금 우리도 일본과 똑같
은 수준으로 가서는 안 되잖아요.

문제는 한국도 퇴행적으로 가는 것 같고요. 조국 전 장관이
청와대 민정수석 시절에 『일본회의의 정체』라는 책을 딱 들
고 청와대 수석·보좌관 회의에 나타났잖아요. 일본 우파 집
단의 정체, 즉 '반일'이라는 정치적 메시지를 던지는 거잖아
요. 문제는 이 책을 쓴 일본 저널리스트가 혐한을 의도로
책을 쓴 게 아니라는 거예요. 일본 우경화 문제의 심각성을
다룬 건데 이런 책을 갖고 와서 반일 정서 동원에 이용해 먹
었거든요. 청와대 민정수석이 앉아서 죽창가를 SNS에 올린
거거든요. 세계 어느 나라 정당에서도 총선은 한일전이라는

등 민족혐오 슬로건을 선거에 동원하지는 않아요. 이번 대선도 또 한일전이다 이런 식으로 노골적으로 이용해 먹는 사람들이 세상 어디에 있냐는 거죠. 이게 완전히 NL운동권이거든요. 민족주의적인 마인드가 통할 거라고 생각하며 선동정치를 하는 거죠.

문재인 정권의 일본 혐오 선동에 저는 너무 실망했어요. 최소한 김대중, 노무현 대통령 때는 안 그랬거든요. 아까도 말씀하신 김대중-오부치 선언이라든지 합리적이었어요. 그러나 민주당 정권의 핵심들은 정치를 할 때 항상 적을 만들어요. 정치라는 것은 적을 규정하는 행위다, 적을 만드는 행위다라고 생각했던 나치의 법학자인 카를 슈미트식인 거죠. 항상 만만한 게 일본이라고 반일 선동을 하며 정치적으로 퇴행시키고 있는데요.

일본과 한국이 서로를 싫어하고 교류하고 싶지 않을 수 있지만, 우리가 사실 글로벌 공급망에서 한국과 일본이 어떤 분업 체계를 이루고 있거든요. 분명히 소재, 부품, 장비 분야에서 우리가 모든 걸 갖추고 있지 않아서요. 경제적으로 합리적인 선택은 사실상 더불어 살아가야 하거든요. 그런 문제를 심각하게 고민을 했으면 좋겠어요. 아직은 사실상 일본으로부터 소부장 분야의 독립은 불가능한데 뭔가 엄청난 독립을 이룬 것처럼 매번 선동 방송이 나와요. 엄청나게 큰 것처럼 '이것도 대체했다, 저것도 대체했다, 큰 성과가 있었다' 이러는데 실제로 까보면 허구적인 선전으로 때우고 있어요.

안철수 당분간은 대체하기 힘들 거예요. 우리가 소재, 부품, 장비 같은 쪽에 가장 의존하는 나라가 일본과 독일 아니겠어요? 독일의 바이에른 주에 있는 기어 박스 만드는 히든 챔피언 기업을 방문한 적이 있어요. 거기서 우리의 K2전차 기어박스를 대량 생산하더라고요. 전차의 기어박스가 자동차의 기어박스보다 난이도가 높은 게, 변속하는 기능뿐만 아니라 방향 전환까지 해야 해서죠. 그런데 한국에서 개발하기 위해 열심히 노력했지만 실패한 후, 독일의 그 회사에 생산을 맡겼다며 저한테 자랑스럽게 보여주더라고요. 이런 기술들을 단시간 내에 다 대체하기는 참 힘들겠다는 생각이 들었어요.

진중권 2차 세계대전 때 타이거전차 만들었던 저력이 있는 사람들인데요. 일본도 2차 세계대전 때 항공모함을 갖고 있었고 그 다음에 개전 초기만 해도 제로센 같은 최고의 전투기를 만들었어요.

안철수 그러니까 2차 세계대전 때인 80년 전에 벌써 그런 기술들을 가지고 있었던 거죠.

진중권 몇 십 년 전이니까. 그런 것들이 쌓이고 쌓여서 소부장 분야로 기술이 축적되어 있는 거죠. 어떤 부분은 우리가 분명히 수입 대체해야 하는 부분도 있는 반면 일본도 우리가 가장

　　　　　　　　　　　　　　　　　　Ⅱ. 강한 공동체 대한민국

큰 고객 아니겠습니까? 그래서 한일 관계를 잘 풀어야 하는데 저런 식으로 하면 결국은 피차 손해 보는 거잖아요. 경제 문제에 자꾸 정치·외교를 심지어 역사를 끌어들여서 이렇게 파투를 내야 하는가? 물론 일차적인 책임은 일본 정부에 있습니다만, 우리 정부 책임도 사실 적진 않다고 봐요.

한일 외교 관계의 대립으로 인해서 소부장 분야에서 성장을 했다고 하는데 한일 무역적자는 아직 개선이 안 되고 그대로 있고, 소부장을 굉장히 민족주의적인 접근 방식으로 접근하는 거 자체가 황당한 것 같아요. 일본이 망했다곤 하지만 사실 망한 거 아니거든요.

이를테면 콘텐츠를 찾아보면 결국 일본 사람들이 만든 것들이 대부분이에요. 요즘 놀이와 예술 상상력에 대한 유튜브 방송을 준비하면서 이것저것 찾아보는데 결국 다 일본이에요. 큐브 하나도 요시모토 큐브 등… 그래서 이런 게 일본의 힘이구나 이런 생각도 들고요. 또 다른 한편 일본 제조업은 망했다고 하는데 눈에 보이는 제조업이 망한 거지 히든 챔피언은 아직도 굉장히 많고요.

또 하나는 일본은 벌써 금융 쪽으로 간 것 같더라고요. 우리는 아직 제조업인데 일본은 투자해서 금융 쪽으로 간 부분이 있고, 그래서 사실 일본이 망했다는 말도 너무 쉽게 하는 것 같고 너무 쉽게 이겼다고 하면서 착각들을 많이 하는 것 같습니다. 그게 정치적으로 대중들 동원하는 데는 도움이 될지 몰라도 우리가 사실 한국 경제가 처한 현실에 대한 올바른 인식을 못하게 막는 것도 있는 것 같아요.

9. 평화공존 및 평화관리의 중요성

진중권 남북 문제를 보면 이 정부 들어서 처음에는 잘나갔죠. 김정
은이 만나자고 해서 정상회담도 하고 평양도 가고 판문점에
서 만나기도 하고요. 그런데 김여정의 지시로 개성에 있는
남북연락사무소 폭파를 해버린다든지 북한이 약간 조증과
울증 상태를 좀 왔다 갔다 하는 것 같고요.

안철수 저는 북한 지도부의 대응이 감정적이나 미치광이식이 아닐
수도 있다는 생각이 들어요. 어쩌면 우리보다 훨씬 뛰어난
외교 능력과 치밀한 전략에 따라 남북연락사무소 폭파와 각
종 도발을 하는 거 아닐까요?

진중권 근대적인 인성이라는 게 사실은 감정을 통제할 줄 아는 안

정성이 있는데요. 중세 때 사람들은 화날 때 엄청 화나고 슬플 때 엄청 슬프고 인성이 안정성이 없는 시기라서요. 사실 근대화, 합리화의 과정에서 사람이 자기감정을 억제하는 방법을 배우는데 북한 사람들 뇌는 늘 전쟁 상태처럼 아직 청동기 시대 같아요.

그런데 저는 남쪽도 그렇고 북쪽도 비슷한 거 같아요. 남쪽의 정권을 담당하는 주체들이 젊은 시절, 학창 시절에 북쪽과 사회주의 이데올로기에 경도됐던 사람들이라 그런지 민족주의적 편향이 강하게 남아 있어서 그런지 모르지만 대북 문제에 있어서 민족적 낭만주의로 흐르는 거 같아요. 다시 말하면 '우리민족끼리'라는 사이트 이름도 있습니다만, 우리 민족끼리 할 수 있는 일이 꽤 많다고 생각을 하는 거 같아요.

그런데 사실은 남북관계 문제처럼 보이지만, 남북관계라는 건 북미관계의 종속 변수에 불과하고요. 휴전 협정 체결할 때 우리는 사인도 못했잖아요. 결국은 북한의 핵과 미사일은 미국을 겨냥하고 있고요. 국제 질서의 현실을 냉정하게 살펴보면 글로벌한 질서 속에서 한국 정부가 움직일 수 있는 선택지들은 극히 제한돼 있다는 것이죠. 하다못해 우리 정부는 유엔안보리 결의를 깨고 북한에 돈을 딱 1달러도 보낼 수 없는 상황입니다. 그럼에도 불구하고 북한도 그렇고 우리 정부 여당도 그렇고 굉장히 서로 많은 것을 할 수 있다고 착각하는 데서 오류가 빚어지는 것 같아요. 그러니까 북한 김정은이 화가 났던 이유는 중간에서 대화를 매개하던 문재인 대통령이 북한이랑 대화할 때와 미국과 대화할 때 다른 대화를 했기 때문인데요.

안철수 국제 질서 속에서 분단의 성격과 남북문제를 파악하는 거시적인 관점이 없었어요. 그러다보니 미국과 북한에게 서로에게 정직하게 정보를 제공하지 않고, 서로 다른 이야기를 한 것 같아요.

진중권 우리 정부가 상대방과 상황에 따라 서로 다른 얘기를 하다 보니까 김정은과 트럼프 모두 대화가 잘될 리가 없었죠. 남쪽의 말을 믿고 북미대화와 관련하여 굉장히 큰 기대를 갖고 있던 김정은은 물론 트럼프도 열받은 거 같아요.

안철수 문재인 대통령 스타일이 국내 정치를 할 때도 마찬가지였어요. 같은 일인데도 상대에 따라 하는 말이 달랐어요.

진중권 그러니까 이렇게 문재인 대통령의 입장이 분명하지 않아서 트럼프는 트럼프대로 비판하고, 북한은 북한대로 비판하는 거고요. 정부 여당 사람들도 마찬가지인 거 같아요. 많은 걸 할 수 있다고 생각하는 것 같은데 솔직히 말하면 할 수 있는 게 거의 없거든요. 우리가 돈 한 장 보낸다 하더라도 유엔 결의를 따라야 하는 거고 한미동맹 틀 안에서 움직일 수밖에 없는 건데요. 사실 그걸 인정을 해야 하는데 그걸 인정하지 않고 자꾸 뭔가 해보려고 하니까 이상한 일들이 벌어집니다. 즉, 북한이 분명히 잘못했는데도 대화 유지를 위해 옹호하다가 국민들의 심기를 거스르는 거고요. 그런 다음에 가능하지도 않은 시도들 또는 가능하다 하더라도 별 의미 없는 시도들을 해요. 북한에 이런 저런 제안들을 하지만 진짜 문제의 가장 큰 해결 방안에서 벗어나서 낭만주의와 꿈만 좇는 게 아닌가 하는 생각이 들어요.

안철수 남북관계를 풀어나가는 데 있어서 기본 전제는 우리 헌법상 북한은 국가로 인정되지 않는 점이죠. 노태우 정부 시절에 남북이 합의한 남북기본합의서에 따르더라도 나라와 나라 사이의 관계가 아닌, 통일을 지향하는 과정에서 잠정적으로 형성되는 특수 관계라고 정의하고 있어요.

또 다른 측면은 1991년 9월 17일 유엔총회에서 북한(D.P.R.K)이 160번째, 남한(R.O.K)이 161번째 유엔 회원국으로 가입한, 국제 규범에 따른 국가 대 국가라는 점이에요.

그리고 우리 헌법의 전문에는 평화통일의 사명을 명시하고 있고, 대통령의 평화통일 성실 의무, 나아가 대통령의 취임 선서문에서조차 평화통일 노력을 명시하고 있어요. 한민족으로서 평화통일을 추진하는 노력과는 별개로, 북핵을 포함한 대량살상무기는 국가 대 국가의 관계로서 안보 문제로 인식하고 풀어나가야 합니다. 그런데 이렇게 국가 대 국가로서 풀어야 할 문제까지 낭만적 민족 문제로 풀려고 하다보니, 북한과 좋은 관계에 집착하게 되고 굴종적인 자세를 취하게 되는 겁니다. 북한의 핵과 미사일 고도화에 대해서 원칙적 입장을 취하지 못하고, 우리 국가 원수에 대해 북한이 입에 담을 수 없는 욕을 해도 저자세를 벗어나지 못하는 거죠.

사실 냉정하게 보면 한미동맹이 튼튼하고 일본과 관계가 좋고 중국과도 관계가 좋으면 오히려 우리가 가만히 있어도, 북한에서 미국 및 중국과의 문제 좀 중재해달라고 손을 내밀고 우호적으로 나올 수밖에 없을 거예요. 그런데 한미동맹은 약화되고, 한일관계는 사상 최악이고, 중국에 무시당하는 상황에서는 우리가 아무리 북한에게 우호적으로 손을 내민다 하더라도, 북한은 우리를 계속 무시하게 될 겁니다. 그러니까 문재인 정권 사람들의 대북 마인드와 대북 정책은 완전히 잘못된 것이죠.

저는 현재 상황에서는 즉각적인 통일이 불가능한 상황이므로 통일을 전면에 부각하는 방식이 아니라, 평화와 공존을 목표로 한반도의 평화관리, 북한 비핵화와 같은 과제에 우선 집중하면서 사건으로서의 통일이 아닌 과정으로서의 통일을 점진적으로 추진해야 한다는 생각입니다. 즉, 갑자기 통일을 맞이하는 것을 상정하고 그때를 준비하는 것이 아니라, 우리는 지금 통일에 이르는 과정에 있고 하나씩 과제를 풀어가야 한다는 방식으로 접근하는 것이죠.

진중권 지난 1월 북한은 적화통일 관련 노동당 규약 부분을 개정했어요. '전국적 범위에서 민족해방민주주의 혁명과업 수행' 부분을 '전국적 범위에서 사회의 자주적이며 민주주의적인 발전 실현'으로 수정하긴 했지만 여전히 북한식 적화통일을 포기한 것은 아닌 거고요. 우리 헌법에 따르면 대한민국 영토는 한반도와 그 부속도서로 한다고 명시하고 있어서 북한은 수복 대상이거든요.

안철수 우리 헌법상 북한 지역은 우리 대한민국 영토죠.

진중권 그러므로 통일은 먼 훗날로 미뤄두는 대신에 분단의 적대적 성격을 완화하는 평화관리가 중요해 보입니다. 우리가 이웃 국가인 중국과의 관계처럼 한민족의 이웃 국가인 북한과의 관계로 평화롭게 풀 수 있다고 봅니다. 사실은 북핵 문제가 없었다면 전 세계에서 우리가 북한하고 친해지는 데 누가 반대하겠어요?

안철수 독일 뮌헨의 막스플랑크연구소 방문학자로 있었을 때, 서독과 동독이 통일 될 때 핵심적인 역할을 했던 분들을 만났거든요. 베를린으로 가서 우리로 치면 통일연구원장으로서 통일 과정의 브레인 역할을 하셨던 데틀레프 퀸(Detlef Khuen) 전(全)독일문제연구소장, 베르크호프(Berghof)재단

II. 강한 공동체 대한민국

의 한스 기스만(Hans Joachim Giessmann) 박사, 노르베르트 바스(Norbert Baas) 전(前) 주한 독일대사를 포함해서 독일 통일과 관련된 다섯 분 정도 만나 뵈었어요. 이분들이 공통적으로 말씀하시는 게 베를린장벽이 1989년에 붕괴된 후 통일이 되는 과정을 보면서, 그때는 본인들도 한국에 해주고 싶었던 조언들이 굉장히 많았다고 하시더라고요. 이 가슴 벅찬 경험을 이제 세계에서 유일하게 남은 분단국인 한국에게 도움을 주면 좋겠다고 생각했대요. 그러나 그로부터 30년이 더 지난 지금에 와서 되돌아보니까, 독일의 통일 경험이 한국에 쓸모가 없겠다는 판단을 하시게 되었다고 해요.

제가 만나 뵌 독일의 통일 과정을 주도하고 브레인 역할을 하셨던 다섯 분의 말씀을 종합해보면, 한국과 독일의 상황은 크게 5가지 정도가 다르다고 해요. 우선, 독일은 우리처럼 같은 민족끼리 죽고 죽이는 참혹한 전쟁 경험이 없었던 게 굉장히 큰 차이점이라고 했어요. 두 번째는 북한은 핵무기를 개발해서 스스로 핵무장국인 된 것도 독일의 사례를 그대로 적용하기 힘든 요소겠죠. 세 번째로는 동독에서 서독의 TV 방송을 볼 수 있게 하고, 친척들 방문과 왕래가 가능했기 때문에 서로 간의 정보 공유가 가능했는데, 이러한 상황도 우리와는 완전히 다르죠. 넷째, 경제 규모의 차이도 동독의 경제 수준이 서독의 4분의 1 정도였기 때문에, 통일 당시 조금 무리는 되었지만 경제적인 통합이 가능했다고 해요. 통일 후 동·서독 화폐 가치를 일대일로 교환하고 동독 지역을 계속 지원하면서 한때는 독일 경제가 휘청할 정도로 굉장히 안 좋았지만, 어쨌든 경제 통합까지 달성할 수 있었던 거죠. 그러나 우리는 지금 북한과의 경제 격차가 40배 정도 되니 독일처럼 하는 건 불가능하죠. 다섯째, 동독 지역의 주민들이 서독에 대해 우호적인 감정을 가지고 있어서 통일을 원했고, 서독이 수준 높은 외교력을 발휘해서 주변 강대국들이 모두 독일 통일에 우호적인 상황으로 만들었다는 점이 우리와 차이점이죠.

진중권 동독 같은 경우는 그때 소득이 GDP 5,000달러, 서독은 2만 달러였어요. 인구는 서독의 한 4분의 1이었고요. 북한은 인구가 우리의 절반인데 소득 격차가 많이, 40배 정도 차이가 납니다. 이건 감당이 안 되는 경제 격차인 거죠.

안철수 이렇게 그 당시 독일의 상황과 다른 점들이 많고 경제 격차가 매우 큰 현실에서, 독일식의 급격한 통일은 불가능하겠죠.

진중권 남북한 모두에게 급격한 통일은 위험 요소이고 잘못하면 망하는 거죠.

안철수 그리고 서울대 통일연구소 보고서를 보니까 북한 주민들의 중국에 대한 호감도는 갈수록 높아지는 반면, 남한에 대한 호감도는 원래 중국보다 낮았는데 갈수록 더 낮아져요. 이러다가 갑자기 북한 체제가 붕괴되면 북한 주민들은 우리보다

Ⅱ. 강한 공동체 대한민국

중국을 선택할 가능성이 훨씬 더 많겠다는 우려가 들었어요. 그리고 우리나라가 주위 강대국들과 외교 관계도 안 좋은 상황에서 과연 우리가 중국을 설득할 수 있겠는가에 대해서도 회의적입니다.

어쨌든, 이런 다섯 가지 정도의 이유 때문에 독일 통일의 교훈을 한국에 그대로 적용하기는 불가능한 것 같다는 게 독일에서 만난 전문가 다섯 분의 판단이었어요. 그렇지만 한 가지는 조언할 수 있겠다고 해요. 독일의 경우에 통일이 매우 중요한 과제였음에도, 동서독 관계에서는 통일을 전면에 내걸고 강조하기보다 서로 평화공존 하는 것을 목표로 삼았대요. 그래서 정치인들도 통일에 대해서는 전략적으로 아예 입 밖에 내지 않았다고 해요. 그에 비해 우리는 오히려 '통일대박' 등 정권마다 자기 나름대로의 통일 팔이를 하면서 국내 정치용으로 통일을 이용하며 통일이 더 어려워진 거 아닌가 해요. 또 청와대 수석이 죽창가를 부르며 반일민족주의로 외교를 망쳤죠. 당리당략과 진영의 조그만 정치적 이익을 얻으려고 하다보니, 오히려 통일의 가능성은 낮아지고 주변국과의 외교 관계도 파탄 내고 말았어요.

진중권   윗 세대들과 저만 해도 태어났을 때 이미 분단국가에서 태어났지만 통일 필요성에 대해서는 공감하고 있었던 거 같아요. 그러나 그 후 남북 간 격차와 이질감이 워낙 심해진 상황이어서요. 요즘 젊은이들한테 물어보면 통일을 왜 해야 하느냐고 반문해요. 통일하면 북한 사람들 내려와서 일자리가 더 없어지는 거 아닌지 걱정부터 하고요.

안철수 MZ세대에서 김정은 체제에 대한 혐오도 굉장히 강해졌죠.

진중권 그러니까 이럴 때는 차라리 북한이 외국이면 갈 수 있지 않을까요? 차라리 외국이었으면 우리가 쿠바도 중국도 비자 갖고 들어가서 관광도 하고 이랬으면 되는데 왜 그걸 못하고 있을까요? 그래서 앞으로는 통일에 대한 강박관념으로 통일을 전면에 내걸기보다는 먼 미래의 과제로 남겨놓고 분단의 적대적 성격을 극복하는 데 초점을 맞추면 좋을 거 같아요. 독일하고 오스트리아처럼요.

독일과 오스트리아는 같은 게르만족이고 독일어를 똑같이 사용하지만 그냥 두 개의 나라로 살아가거든요. 그러면서 다른 나라에 비해서 그래도 같은 민족이니까 좀 돈독한 우호 관계를 갖는 쪽으로 가는 게 현실적인 목표가 아닌가 생각해요. 북한에게도 우리가 계속 흡수통일 하겠다는 이런 강박감을 주면 안 되고요. 북한도 이제 사실상 적화통일이라는 목표가 불가능해졌지만, 인민을 향한 내부용 허구적 망상과 정치적 세뇌와 선동을 하는 거거든요. 북한 너희들도 적화통일 이데올로기로 계속 주민들 통제하지 말고 너희 주민들이나 잘 먹고 잘살게 하라고 설득할 필요가 있지 않을까요?

안철수 남북한 평화관리와 평화공존이 우선적으로 중요하다는 점에서 저도 같은 생각입니다.

진중권 그렇게 설득하는 게 좋을 거 같습니다.

안철수 그래서 북한과의 관계는 평화공존을 목표로 평화관리를 우선적으로 하고요. 남북 민간 교류를 확대해서 서로 간의 이해의 폭을 넓히고, 국제적으로 개혁개방을 유도하고요. 그러면서 그 과정 중에 북한의 정상 국가화를 점진적으로 이룰 수 있다면, 결국은 동·서독처럼 통일할 수도 있겠죠. 이런 그림을 거시적 안목으로 설계하고 실행하고 만들어가면서 우리가 독일 통일 당시의 상황처럼 됐을 때 비로소 평화통일 노력을 집중하는 것이 현명하다고 생각해요. 말로만 통일을 떠들고 선동하는 방식은 오히려 통일 자체를 방해하고 통일을 더 늦추게 되는 거 같습니다.

10. 한미 핵공유와 독자적 핵개발 주장은 선동구호

진중권   보수 쪽에서는 북핵 문제를 푸는 걸 아예 포기한 거 같더라고요. 예컨대 한미 핵공유 주장입니다. 핵공유 주장은 결국은 북한을 핵무장국으로 인정하고 북핵 문제는 해결이 불가능하다는 전제에서의 대응이거든요. 우리가 핵을 독자적으로 개발할 수는 없으니까 핵공유를 하자는 생각인 거죠. 북한의 핵 무장에 맞서 우리도 그에 상응해서 전술핵무기의 한반도 재배치를 통해 핵 능력을 가져야 한다는 생각이죠. 이게 보수 쪽 홍준표 의원과 국민의힘 쪽의 상당히 많은 사람들이 공유하는 생각인 거 같은데 어떻습니까? 한반도 비핵화라는 과제를 사실 포기하는 건데 그게 과연 해답이 될 수 있을까요?

안철수   북핵 문제를 우선 해결하는 게 중요하고요, 한반도 비핵화 기조를 유지하는 것도 마찬가지로 중요하다고 봅니다. 이 부분이 진전되지 않으면 국제 제재를 푸는 일은 절대 안 됩니다. 이런 양보할 수 없고 물러설 수 없는 입장을 계속 견지해야 될 것 같아요. 그게 또 당연히 미국과 국제 사회의 입장이기도 하죠. 그래서 문재인 정권이 섣불리 북한에 이거저거 주려고 자꾸 제재를 풀자고 여기저기 쫓아다니며 노력해봤자 오히려 국제 사회로부터 '왕따' 당하는 그런 상황이죠. 유엔안보리 대북결의안은 국제 규범이기 때문에 북핵 문제해결이 없는 한, 국제공조에 따른 제재전선을 계속 유지할 겁니다. 그런데 최근 민주당 쪽에서 단계별 타결 이야기가 나오고는 있던데요. 북한에서 비핵화로 가는 조치를 한 가지씩 실행하면, 제재를 조금씩 풀어주자는 식이죠.

진중권   그건 뭐 늘 주장하는 바 아닙니까.

안철수   그런데 문제는 민주당 쪽에서 주장하는 단계별 타결의 최종 목표가 분명하지 않은 점이에요. 물론 단계별 타결도 가능할 수 있겠죠. 어쩌면 일괄 타결보다도 오히려 타결 가능성이 더 높아질 수도 있어요. 그러나 문제는 단계별 타결이라도 최종 목표가 북핵 폐기를 통한 비핵화라는 걸 분명히 해야 해요. 어느 정도 제재를 풀어주었는데도 북한이 계속 핵을 보유하고 있게 만드는 건 결국 도중에 숨통이 트인 북한이 비핵화 과정을 중단함으로써 실패 가능성이 크다고 보거든요. 그래서 저는 민주당 쪽의 주장이 위험한 게, 최종 목표는 모호하거나 흐릿한 가운데 단계의 앞부분만 이야기하는 방식은 아니라고 생각해요. 단계별로 하는 것도 받아들일 수는 있지만 북한 비핵화라는 최종 목표는 분명히 해야 한다. 그런 전제하에서만이 단계별 접근도 가능할 수 있다는 입장입니다.

진중권   사실 북핵이라는 건 예컨대 폐기하게 되면 사실은 비가역적이잖아요. 그런데 대북제재 같은 것은 언제든지 가역적이거든요. 제재를 풀었다가 비핵화의 진전이 없으면 다시 제재를 하는 방식이라면 그렇게 썩 나쁘진 않은 거 같긴 한데요.

안철수   그리고 완전히 북핵을 폐기하려면 물리적으로 핵무기들을 모두 없애는 것은 물론이고, 최종적으로는 핵무기 기술을 가진 과학자들까지도 다른 나라로 보내든지 해야 완전히 비가역적인 비핵화가 되는 것이겠죠.

진중권   이와 관련 보수 쪽에서는 북한에 경제제재를 완화하면 북한에 시간을 벌어주는 거 아니냐는 의심을 하죠. 북한이 버티고 그다음에 그 돈을 가지고 또 핵과 미사일을 더 고도화할 수 있다, 그 후 고도화된 무기를 가지고 더 큰 협상 카드로 내밀 수 있는 상황에 대해 보수 측의 우려가 있고요. 그 우려는 상당히 타당한 측면이 있다고 보거든요. 그렇다고 북한과의 대화와 협상을 포기하고 핵공유로 나가는 것도 좀 더 극단적인 거 같고요.

안철수 홍준표 의원은 유럽의 나토(NATO)식 핵공유를 말하는 것 같은데, 저는 위험한 방법이라고 생각해요. 나토식 핵공유라는 건 전술핵무기를 독일 등 유럽에 직접 배치하는 것 아니겠습니까? 노태우 정부 시절에 철수했던 미국의 전술핵을 다시 한국에 배치하는 방식은 실효성도 없고 비핵화도 물 건너가게 할 수 있죠. 나토식 핵공유에서도 결국 핵무기 사용을 위해서는 미국에서 암호를 풀어주지 않으면, 즉 미국의 승인 없이는 사용이 불가능하므로 무늬만 공유 방식인 것이죠.

진중권 솔직히 유사시에는 미국이 폭격해줄 텐데 폭격하는 비행기가 우리 공군기인지 미군기인지 그 차이가 그렇게 중요한 건가요?

안철수 정말 한반도에서 핵전쟁은 없어야 하지만, 유사시 괌이나 오키나와 미군 기지의 핵을 활용할 수 있다면 되는 거죠. 구태여 핵무기 자체를 한반도에 다시 들여올 필요는 없다고 생각하거든요. 다만 지금의 강력한 한미동맹 체제하에서의 확장억제(Extended Deterrence), 즉 핵공격 위협을 받는 동맹국에 미 본토와 같은 수준의 억제력을 미국이 제공하는 철통같은 공약을 강화할 필요성은 있습니다. 또한 한미확장억제전략협의체(EDSCG, Extended Deterrence Strategy and Consultation Group)의 실질적 강화를 통해 확실한 핵우산을 보장받는 거죠. 그리고 한국의 독자적인 핵무기 개발 이야기도 나왔던 것 같은데, 이건 너무 나간 이야기에요.

진중권   한국의 독자적 핵개발과 핵무장은 가능하지도 않고요.

안철수   우리가 만약 독자적으로 핵개발을 추진할 경우에는 우리나라도 유엔안보리 결의에 따라 국제제재를 받게 되거든요. 우리나라는 10대 무역 강국에 속하는, 무역으로 먹고사는 나라인데 국제 사회의 제재를 받으면 우리는 굶어 죽어요. 국제 사회에서 한국의 자체 핵개발을 승인해준다면 가능할 수 있지만, 그런 일은 절대로 일어날 수 없으니까요. 따라서 자체 핵개발은 정말 무모하고 실행 불가능한 주장이에요.

11. 모병제로 군구조 개혁의 방향 잡아야

진중권 다음은 국방 문제인데 사실 우리 인구가 점점 줄어들고 있잖
아요. 전략무기와 첨단과학 무기체계로 전쟁한다지만 결국
전쟁의 최종 승리는 보병의 진군을 통해서 달성되거든요. 그
런 기본적인 병력도 부족한 상황 속에서 여러 가지 안이 나
오는 거 같아요. 그래서 한편으로는 젠더 문제가 있고 여성
징병제 얘기도 나오고 있고요. 우리 군의 규모를 이대로 가져
갈 수 없는, 뭔가 변화가 필요한 시점인데요. 대한민국 군대
의 변화 방향에 대해서는 어떻게 생각하는지 궁금합니다.

안철수 생각이 다를 수도 있는데요. 우선, 세계적인 현재전의 흐름
을 보면 첨단무기화하고 있고, 해군과 공군력이 강화되는 추
세를 보이고 있습니다. 그런데 해군과 공군력을 강화할 때

필수적으로 병행되어야 하는 것이 기술부사관들을 늘리고 기술력을 높이는 것입니다. 저는 해군 대위 출신이어서, 해군의 사정을 잘 아는 편입니다. 해군 복무 때 보니까 군함을 실제로 움직이는 것은 장교나 수병이 아니라 부사관들이었습니다. 기술부사관들이 군함의 각 부분들이 동작하도록 움직이고 문제가 생기면 바로 고치는 것이죠. 공군도 마찬가지라고 듣고 있고, 육군의 경우에도 운영하는 무기체계들이 갈수록 고도화, 첨단화되면서 숙련된 직업군인인 부사관들의 역할이 커질 수밖에 없을 겁니다.

진중권 결국은 모병제 내지는 직업군인제를 고민할 수밖에 없는 거겠죠.

안철수 제가 생각하는 방안은 '준모병제'가 군 개혁의 방향과 맞는 현실적인 대책이 아닌가 해요. 우선, 공군과 해군력을 강화하고 최첨단 과학무기체계의 전자전과 사이버전 등을 고려한다면, 앞으로 기술부사관들이 훨씬 더 많이 필요하게 될 겁니다. 그만큼 일반 사병의 수는 줄어들어도 되겠죠. 따라서 현재 단계에서는 직업 군인인 전문부사관제를 확대하고, 나머지 필요한 일반 사병 수만큼 대한민국 국민으로서 국방의 의무를 다하는 징병제의 골간을 유지하는 방식의 준모병제로 이행하는 것이 바람직하다고 생각합니다. 요즘 이른바 '관심병사'들이 나오는 이유도 무리한 병력 충원에 따른 부작용이라 생각해요. 이런 일은 본인에게도 불행함은 물론이고 주위 사람도 불행하게 되거든요. 이런 과정을 거친다면, 통일 후에는 완전 모병제로 전환하는 것이 좋겠죠.

그리고 일반 병사들의 경우에도 이스라엘의 텔피오트처럼 군 생활 도중에 국방의 의무를 다하는 동시에, 자기에게 맞는 첨단기술과 전문 지식을 익힐 수 있도록 교육훈련체계를 만들어야 합니다. 이스라엘은 군사력도 세계 최강 수준이지만, 무엇보다 병사들에 대한 교육 훈련 프로그램이 너무나도 잘되어 있어서 제대 후에는 바로 창업하거나 취직하여 성공하는 젊은이들이 많다고 합니다. 이스라엘이라는 좋은 모범 사례가 있으니, 우리도 우리 젊은 병사들을 위한 좋은 프로그램을 만들 수 있지 않겠어요? 군 생활 중 남는 시간에 그냥 방치하다 보면 넷플릭스 드라마 〈D.P.〉 같은 군내 가혹 행위들도 생기지만, 각자가 자기계발에 몰두하게 하면 그런 일도 많이 줄어드는 부수적인 효과도 있을 겁니다.

그러나 여성징병제는 거꾸로 가는 잘못된 방향이라 생각해요. 오히려 요즘 전문부사관에 여성들이 많이 진출하는 것에서 보듯이, 남녀 차별하지 말고 직업 군인인 부사관제 확대로 가야죠. 특히 과학기술 무기체계가 첨단화되면서 여성 전문부사관들이 활약할 수 있는 분야가 더욱 확대될 겁니다.

진중권 육군사관학교 수석이 여성이었잖아요. 대학에서 학점 A는 이미 다 여학생들이 차지하고요.

안철수   요즘은 이른바 스템(STEM), 즉 S(science, 과학), T(technology, 기술), E(engineering, 공학), 그리고 M(mathematics, 수학) 분야도 여성들이 많아지잖아요. 이런 흐름은 바람직하고 생각해요. 남자만 있던 분야에 여성들이 참여하면서 다양성을 만드는 것이 그 분야를 더욱 발전시킬 수 있는 길이거든요.

진중권   여성징병제 얘기한 후보가 박용진 의원이죠.

안철수   그건 거꾸로 가는 것 같아요.

진중권   거꾸로 가는 거고, 제가 볼 때는 사실 진지하게 생각하는 것 같지가 않아요. 소위 이대남들을 겨냥해서 인기를 얻어보겠다는 것 같은데요. 노르웨이 같은 경우는 완전히 다른 사례거든요. 노르웨이는 여성의 사회 진출이 활발하니까요, 의무가 아니라 여성의 권리 차원에서 가는 겁니다. 대신 남자도 안 갈 사람은 그냥 안 가거든요. 국방 자체를 명예와 권리 차원에서 가는 겁니다. 그런데 우리나라 상황은 전혀 다른데 노르웨이와 이스라엘과 비교하거든요. 이른바 일부 이대남들이 여성을 차별할 수 있는 마지막 이유가 징병제잖아요. 사실 굉장히 잘못된 생각인데 거기에 편승해서 여성징병제를 들고 나오는 것 같습니다.
저도 모병제 동의하고요. 1986~8년에 제가 국방부 합참에서 군복무를 했는데요. 북한은 조준을 수동식으로 하는데 우리는 과학기술 무기체계인 전자식으로 했고요. 북한의 재

222   II. 강한 공동체 대한민국

래식 전력은 숫자만 많고 양만 많지 실제로는 실전이 전개되면 상대가 안 된다는 판단을 내린 게 벌써 1988년입니다. 지금은 첨단 무기체계에서 그 차이가 더 벌어진 거고요.

안철수 이제는 고성능 미사일을 탑재한 무인드론 한 대면 웬만한 육상 병력은 상대도 안 되죠.

진중권 사실은 휴전선에도 과학기술 센서와 카메라로 모니터링하고 5분 대기조 같은 타격군대만 있어도 충분합니다. 한겨울 영하 20도에 젊은이들을 구시대식으로 보초 세우는 이런 것들이 뭐하는 짓인지 모르겠습니다. 휴전선 경계 시스템도 과학화하고 첨단화하는 변화가 필요하고요.

12. 평시 군사 법원 폐지로 군사법체계 개혁

진중권 　최근 들어 군 성범죄 사건이 알려진다는 것은 지금 군이 썩었다는 게 아니라 이제 드러나기 시작한 거예요. 옛날에는 이거보다 더한 일들이 많았는데 일단 다 넘어갔고요. 여성들의 권리의식이 높아지고 성범죄에 대한 사회적인 감수성이 예민해지면서 비로소 이제 수면 위로 드러날 수 있게 된 거 같아요. 그러나 군의 태도는 예나 지금이나 모든 범죄에 대해서 일단 다 은폐하는 거예요. 제 경험에 따르면 그 덮어주는 역할을 옛날에 보안사가 돈 받고 했어요. 그래서 항상 사고가 나면 다 자살로 처리한다든지 그냥 다 덮어버리는 잘못된 문화가 아직도 군대에 남아서요. 벌써 지금 세 명째인가요?

안철수 불행하게도 육해공군 모두에서 동시다발적으로 성범죄 사건이 터져 나오고 있습니다.

진중권 골고루 다 나왔단 말이죠. 이 문제의 근본적 해법은 군사법체계 개혁으로 가야 하는 겁니까?

안철수 군사 법원이라는 게 당연히 전시에는 필요하죠. 그러나 평상시에는 군사 법원을 유지해야 하는가는 생각해봐야 할 문제입니다. 여기에는 두 가지 안이 있어요. 평상시에는 군인이라도 죄를 지었으면 모두 일반인들처럼 일반 법원에서 재판 받게 하자는 안이 하나 있고요. 또 다른 안은 군인들의 성범죄를 포함해서 심각한 범죄들은 아예 처음부터 일반 법원으로 가되, 다른 범죄들에 대해서는 1심은 군사 법원에서 하고 2심부터는 민간의 고등 법원으로 넘기자는 안이 있습니다.

진중권 군사법체계의 핵심적인 문제점은 재판관의 독립성 문제이지 않겠습니까? 일반 법원에서는 사실은 삼권 분립에 의해서 명확한 독립성을 인정받고 존중받는데요. 군대에서 법원의 존재는 장군님 부하이기 때문에 장군님 명령대로만 판결 내릴 수 있는 게 문제 같아요. 그래서 그런 문제라면 전시라든지 비상시가 아니라면 군사 법원이 아닌 민간 법원에서 운영하는 게 맞지 않느냐 생각하고요.

안철수 저도 동의합니다. 군내에서 각종 범죄가 은폐되었던 근본적인 이유들 중 하나는, 군검찰과 군판사가 군 지휘권 체계에 장악되어 있는 탓이라고 생각해요. 이제는 21세기에 걸맞게 군사법체계에 대한 개혁을 통해 군 범죄의 악순환을 끊어야죠. 그러자면 사건이 생겼을 때 이 사건을 덮는 지휘관은 일벌백계하고, 평상시에는 군사 법원이 아닌 일반 법원이 담당하게 개혁해야 한다고 생각합니다.

Ⅲ. 안심 공동체 대한민국

1. 롤스의 정의론과 지속가능한 복지

진중권   정의론이라는 이름 자체가 사실 리버럴(자유주의자)들이 쓰는 용어이고요. 좌파들은 보통 정의라는 말보다 평등이라는 말을 많이 쓰고. 평등은 상당히 강한 개념인데요. 그동안 자유주의자들, 고전적 자유주의자들은 평등의 가치를 믿지 않는 거죠. 왜냐하면 시장의 보이지 않는 손에 의해서 모든 것들을 정해주고 그다음에 시장에서 결정된 결과가 바로 정의로운 것이라 보고, 거기에 인위적으로 개입을 하게 되면 오히려 원했던 것과는 정반대의 결과를 얻게 된다는 게 그들 얘기였고요.

그런데 이런 식의 고전적인 자유주의 모델이 공황으로 인해서 실패를 했고, 조지프 스티글리츠는 "보이지 않는 손은 보이지 않는다. 존재하지 않기 때문이다"라고 했고요. 그래서 그 후에 케인스주의가 도입되고 이런 상황 속에서 자유주의자들도 평등의 이슈와 어젠다를 어떤 식으로 끌어안아야 된다고 할 때 그것을 정의의 이름으로 끌어들였고요.

이른바 '베일의 실험'을 통해서 예를 들어 태어나기 전에 내가 뭐로 태어날지는 모르지만 전혀 깜깜한 상태다, 부잣집에 태어날 수도 있고 가난한 집에 태어날 수도 있는데 그럴 때 너는 어떤 사회에 태어나고 싶은가라는 질문을 던졌을 때, 수많은 사람들이 선택한 것은 극단적인 시장주의나 극단적인 평등주의도 아니고 그게 적당히 섞인 체제를 선호할 것이라는 것이 존 롤스 정의론의 핵심이죠.

그래서 존 롤스 같은 경우에는 약간 유럽식 사회 민주주의, 이것을 정당화하는 논리라는 게 일반적인 해석이죠. 그러니까 어느 정도의 복지, 시장 경제를 모태로 하되 거기서 국가의 개입, 국가의 뭐랄까? 사회복지적 개입을 어느 정도 유도하는 그런 시스템을 옹호하는 논리다. 왜냐하면 이 바깥에는 뭐가 있었느냐 하면 예를 들어 하이에크라든지 밀턴 프리드먼이라든지 그다음에 철학에서는 로버트 노직이라고 이른바 자유지상주의자들이 있었기 때문에 거기 대항하는 논리로써 얘기가 좀 나왔던 것 같고요. 존 롤스의 정의론에 대해서는 어떻게 생각하십니까?

안철수 저는 마이클 샌델의 『정의란 무엇인가?』를 보면서 접했어요. 존 롤스의 정의론은 제가 가진 생각과 맞아요.

한 카툰이 그 개념을 알기 쉽게 잘 표현해주었죠. 모두 다 똑같은 높이에서 보는 게 정의로운지? 아니면 키 작은 아이는 더 높은 디딤돌을 해줘서 모두 동등한 높이에서 볼 수 있게 해주는 게 정의로운지? 저는 후자가 맞다고 생각하거든요. 국가는 그렇게 하기 위해서 적정한 세금을 걷어서 복지 정책을 통해서 재분배해야 되고요.

© Angus Maguire/Interaction Institute for Social Change
Published in: Community Eye Health Journal Vol. 29 No. 93 2016

그런데 지금 우리나라는 이런 재분배 기능이 OECD 국가 중에 거의 최하위에 속하잖아요? 국민연금도 잘못된 구조 설계로 인한 사각지대가 많고, 오히려 부유한 사람한테 더 많은 혜택이 가는 사실을 일반 국민들은 잘 모르잖아요. 사실 그 문제는 저도 국회에서 보건복지위원을 하면서 알게 되어 깜짝 놀랐거든요. 그러니까 이런 것들을 존 롤스의 정의론에 입각해서 잘못된 부분들을 공정하게 바꾸는 노력을 해야, 부의 재분배 기능이 최소한 OECD 평균 수준 정도라도 가게 되지 않을까 싶습니다.

진중권 국민의힘에서 공약을 어떻게 만들지 궁금해요. 김종인 박사가 나름대로 역할을 했는데요. 국민의힘은 사실 '줄푸세'밖에 없거든요. 그런데 규제 중에서 강화해야 할 규제가 있고 풀어야 할 규제가 있는데 그런 거 없이 그냥 무조건 풀자는 주장이고요. 법질서 세우자. 그래서 말 안 듣는 놈 때려잡는 권위주의잖아요. 줄푸세에서 과연 얼마나 벗어났는지 모르겠어요. 김종인 박사가 들어가서 신정강정책을 마련해줬던 것은 저는 괜찮다고 보거든요. 보수가 저 정도만 되어도 괜찮다 싶은데요. 이걸 이해를 못하는 거 같아요.

안철수 한국 정당에서는 명문화된 정강정책과 실제 행동이 다른 게 큰 문제죠.

진중권 전혀 다른 것 같아요. 답을 다 가르쳐주고 이렇게 하라고 해도 기본도 못하는 상태고요. 지금 후보들도 걱정되는 게 원희룡 후보나 몇몇 개별적인 이런 분들은 괜찮은데 최재형 후보가 딱 등장해서 한다는 얘기가 '국가가 왜 국민을 책임

III. 안심 공동체 대한민국

집니까?' 이런 말들을 해요. 이런 식의 잘못된 메시지를 계속 내고 있고. 그다음에 윤석열 후보는 잘 모르겠어요, 아직까지 낸 게 없고요. 그래서 정의의 문제를 과연 여기에 대해서 어떤 답을 갖고 나올지를 좀 봐야 할 것 같은데 현재까지는 줄푸세밖에 없어 보이거든요.

기본적으로 유승민 후보가 뭐라고 그랬는지 잘 모르겠지만 그분도 사실 시장주의자고요. 그다음에 원희룡 후보는 나름대로 공동체주의 보수를 갖고 있더라고요. 그런데 이분은 워낙 또 세력이 약하고요. 그러니까 주요 후보들 같은 경우에는 지금까지 나온 걸 보면 사실 과거의 줄푸세에서 크게 벗어나지 못하는 것으로 보여요. 정의와 평등에 대한 이해 자체가 그렇게 많지 않은 느낌이 들었어요.

안철수 세금은 사실 앞으로 증세할 수밖에 없다는 게 정직한 말이거든요. 표 떨어지는 이야기이긴 한데, 이제는 더 이상 지속 가능하지 않은 상황이 되어가고 있으니까요. 그리고 이번 코로나19 팬데믹에서도 나타났지만, 국가에서 해야 할 역할도 지금 많아지고 있고요. 앞으로 보건의료 분야의 인력이 미국처럼 많이 늘어날 수밖에 없을 거예요.

그리고 저는 기본적으로 국가에서 현금성 복지를 늘리는 것보다 사회서비스 복지를 늘리는 방향으로 가야 된다는 입장이에요. 의료복지라든지, 돌봄서비스라든지 다 서비스 복지

쪽 아니겠습니까? 사실 그게 돈을 주는 것보다 더 목적에 맞는 효과를 얻을 수 있고, 동시에 사회서비스 일자리들도 늘어나고, 경제적 효율로도 바람직한 방향이라 생각해요. 요즘은 이재명 후보부터 포함해서 현금성 복지, 당장 눈에 보이는 현금 주는 것만 이야기하고 있죠. 코로나19 재난으로 소득이 줄어들지 않은 고소득층에게도 재난지원금을 뿌리면, 실제로 재난을 당한 어려운 분들처럼 생존을 위한 생활필수품을 사는 게 아니라, 평소 같으면 사지도 않을 물건을 사기도 하지만 대부분 저축을 하기 때문에 재난을 지원하는 효과는 없다는 분들이 많아요. 사실 생활 능력이 되는 분들께는 기본소득을 드릴 필요는 없을 것 같은데 말이죠.

그리고 세금 문제도 보면, 우리나라는 세금 내는 사람이 너무 적어서요. 물론 지금 증세하자고 하면 모두들 생활이 빠듯한 상황이어서 반대가 심할 거예요. 소득이 없는 분들이 세금 내지 않는 건 당연하지만, "소득 있는 곳에 세금 있다"는 조세정의 원칙은 국가를 위해서 실현되어야 하는 것이거든요. 그래서 조금이라도 소득이 있다면 이에 대해 명목상이라도 세금을 내는 게 맞는 방향이죠.

진중권 그렇죠. 왜냐하면 그분들의 명예를 위해서라도요. 조금이라도 내가 국가에다 세금을 내는 사람이라는 자부심도 주거든요. 이게 좀 필요한 것 같고요. 사실 부유층에게 많이 걸어도 부유층은 소수이기 때문에요.

안철수　그게 많은 거 같지만 실제 세금을 걷으면 얼마 안 되거든요.

진중권　통계상으로 세금의 누진성을 강화시켜줄 수는 있지만 실제로 재정적으로 큰 도움이 되는 건 아니거든요. 유승민 후보가 예전에 '증세 없는 복지는 허구다'라고 했던 말이 맞죠. 그리고 국민들께, 당신들이 받는 사회서비스라는 게 국가가 당신에게 해주는 시혜가 아니라 당신들이 낸 세금이고 당신들의 당연한 권리다라고 주장할 수 있다고 설득할 수 있어요. 정치인들이라는 게 항상 그냥 선동하고, 세금 얘기 나오면 항상 세금폭탄 이런 식의 선동구호를 이쪽이든 저쪽이든 붙여대니까요.

안철수　독일의 메르켈 총리가 대국민담화를 하면서 앞으로 몇 년간은 국가 재정을 과다 지출해서 재정 적자가 날 수밖에 없다며 국민들께 먼저 사과를 했잖아요. 그리고 몇 년 후에는 다시 이걸 회복시키기 위해서 허리띠를 졸라매야 한다며 구체적인 계획에 대해서도 미리 소상하게 밝혔어요.

진중권　미리 양해를 구했죠.

안철수　그렇게 미리 양해를 구하던데, 우리는 왜 메르켈처럼 하는 지도자가 없는 걸까요?

진중권　제가 독일에 살 때는 별 생각 없이 살았잖아요. 그런데 지금 생각해보면 진짜 민주주의라는 게 단지 제도만 있는 게 아니라, 시민사회의 에토스와 품격 같은 게 느껴져요.

2. 기본 시리즈는 경제학의 기본 개념조차 없는 것

안철수   기본소득은 어떻게 생각하세요?

진중권   기본소득은 사실 좀 SF적인 생각이라고 생각하거든요. 4차 산업혁명이 더 본격화되면 인공지능과 자동화가 계속 진행될 거고요. 기술 혁신에 따른 생산은 증가하고 칼 마르크스가 얘기했던 자본주의의 모순인 생산은 증가하는데 그것을 소비할 수 있는 것은 없고 이른바 대공황 상황이 새로운 버전으로 나오고 그걸 막기 위해서 분명히 국가가 개입할 거다, 자본주의는 영악하기 때문에. 그때쯤 되면 뭐 기본소득 얘기가 나올 것 같지만 지금 현재로서는 아닌 거 같고요. 핀란드나 스위스 등에서 실험을 좀 해봤잖아요.

안철수 　스위스 같은 경우는 기본소득 도입과 관련하여 국민투표로 물어보기도 했는데 부결되었죠.

진중권 　국민투표도 하고 국지적으로 해봤는데 핀란드 같은 경우에는 사실 그들이 생각했던 그런 효과는 없었다는 거구요. 기본소득 우파 버전이라고 부의소득세라는 있는 데 중위소득 60% 이하 가구에 중위소득 30% 수준의 헌금을 지급하여 퉁 쳐서 나머지 복지제도를 폐지하자는 건데 이게 과연 바람직하냐는 생각도 좀 들고요.

안철수 　저도 일단 가진 생각이, 사회 변화는 생각보다 빨리 오지 않더라는 건데요. 저는 옛날에 컴퓨터를 워낙 좋아해서 80년대 후반 정도 되면 사회 전반적으로 금방 도입이 될 줄 알았거든요. 그런데 사회가 실제로 변하는 건 시간이 오래 걸리더라고요. 제가 처음 대선 출마 선언을 할 때 이야기한 것처럼, 미래는 이미 와 있는 거죠. 단지 널리 퍼져 있지 않을 뿐이에요. 마찬가지로, 4차 산업혁명이 되면 일자리가 엄청나게 줄어들 거라고 호들갑 떠는데, 그렇게 되기까지 시간이 많이 걸릴 겁니다. 미리 준비할 시간은 있는 거죠.

그리고 산업혁명 때마다 기존의 일자리가 없어지는 대신에 새로운 일자리들이 항상 생겼습니다. 폭동 수준의 러다이트 운동(Luddite, 산업혁명 때 일자리를 없애는 기계를 파괴한 사회운동)이 일어났지만, 그때도 다른 일자리들이 새로 생긴 거와 마찬가지죠.

예를 들어, 자율주행 무인 자동차가 대세가 되면 운전사, 택시기사 일자리가 없어지지 않습니까. 그런데 그 대신에 사람이 운전할 필요가 없으니까 자동차 안에 앉아 있으면 삼면의 유리창이 화면으로 바뀌면서 출퇴근 시간이 엔터테인먼트나 교육 콘텐츠를 소비하는 시간으로 바뀌게 될 겁니다. 그렇게 되면 오히려 콘텐츠 제작에 대한 수요가 폭발적으로 늘어나게 되겠죠. 출퇴근 시간이 평균 2시간이라면 모든 사람들이 평일에는 매주 10시간씩 새롭게 콘텐츠를 소비할 수 있는 시간이 생기게 되어서, 콘텐츠와 관련된 수많은 일자리가 생겨날 수 있는 것이죠. 따라서 4차 산업혁명시대가 오면 기존의 일자리들이 없어지고 새로운 일자리가 생기는 것 같아요. 오히려 이러한 흐름을 미리 읽고, 민간에서 새로운 일자리를 만드는 노력을 선제적으로 할 수 있도록, 정부에서 정보를 주고 도움을 주어야겠죠.

진중권 지금 이재명 후보가 기본소득 얘기를 하고 있지 않습니까? 기본소득 그다음에 기본 시리즈를 얘기하고 있는데 한편으로는 국민의힘 정강정책에도 기본소득 얘기가 들어가 있거든요.

안철수 김종인 전 위원장이 주도해서 만들었죠.

진중권 물론 같은 기본소득 같아도 뉘앙스는 많이 다른 것 같던데요. 복지 정책에 대해선 어떻게 생각하십니까?

안철수 저는 기본적으로 사회적 약자들에 대해서 국가가 보호해주고, 실패한 사람에게는 재도전 기회를 줘야 된다는 생각이 뚜렷하거든요. 그런데 저는 기본소득의 실행 가능성부터 짚고 싶어요. 실제로 그걸 도입한 나라가 없는 상황에서 우리나라가 세계에서 가장 먼저 시작을 하게 된다면, 문재인 정권의 소득주도성장이나 부동산 정책처럼 실패한 후에는 대책이 없거든요. 재원 조달 문제도 지금 우리나라 상황에서는 어렵습니다. 지금 해야 할 일은 복지제도를 더 세심하게 정비하고 사각지대를 없애서 사회적 약자들에게 실질적인 도움을 주어야 해요. 그게 실행 가능한 일이죠.

진중권 기본소득 주장하시는 분들이 기본소득하고 재난지원금을 혼동하는 것 같아요. 명칭도 일부러 혼동을 시키는 거 같습니다.

안철수 맞습니다. 재난지원금은 모든 사람에게 그리고 지속적으로 주는 게 아니니, 기본소득과는 근본적으로 다릅니다.

진중권 기본소득은 지속적으로 줘야 되고요.

안철수 기본소득은 원래 개념대로라면 모든 사람들에게 동일한 액수로 동일한 주기로 현금을 나눠주는 건데요.

진중권 　기본소득 그다음에 기본주택, 기본 시리즈가 제일 황당한
　　　　게 기본대출인거 같아요.

안철수 　기본 시리즈를 보면 포퓰리즘만 있고, 기본적인 경제학에 대
　　　　한 개념이 없는 것 같아요. 실현 가능하지 않은 이야기들이
　　　　너무 많습니다.

진중권 　대출 이자는 리스크 같은 것들을 시장의 원리에 따라 산정
　　　　하는 것인데, 이걸 인위적으로 개입을 했을 경우에는 여러
　　　　가지 부작용들이 생기겠죠.

안철수 　경제학의 기본과 금융 시스템을 전면 부정하는 거 아닙니까.

진중권 　기본대출 같은 발상은 상당히 낡은 좌파적인 사고로 보여
　　　　요. 이게 민주당이 갖고 있는 비전인데 좀 한심하죠. 보수쪽
　　　　은 어떻습니까? 윤석열 후보는 공약이 지금 아직도 안 나오
　　　　고 있더라고요.

안철수 　성장담론, 미래담론이 안 나오는 것이 가장 큰 문제이죠. 지
　　　　금이야말로 전 세계가 과학기술 패권전쟁을 하고 있고, 미중
　　　　대결 구도에서 우리나라의 생존 전략을 고민해야 할 때인데,
　　　　모두 뭐하고 있는지 모르겠습니다. 지금 시대를 가장 상징적

으로 보여주는 장면들 중 하나가 미국 바이든 대통령이 반도체 웨이퍼를 흔들고 있는 사진입니다. 이제는 과학기술 패권을 잡는 나라가 세계의 패권을 잡을 수 있고, 국가 지도자가 맨 앞에서 전쟁 지휘를 하겠다는 의지를 표명한 것이거든요. 시진핑도 칭화대 화학공학과 출신으로, 같은 생각으로 중국의 모든 자원과 인력을 과학기술에 투입하고 있습니다. 시진핑의 중국몽의 핵심도 과학기술 중국몽입니다. 과학기술 패권 국가가 되겠다는 것이죠.

미래에 대해 고민하지 않는 나라는 미래가 없는 나라입니다. 특히 이번 대선에서 미래 담론은 앞으로 5년간 우리나라가 어떤 방향으로 갈지 결정짓는 매우 중요한 의미가 있다는 점을 다시 한 번 강조하고 싶어요.

3. 재난 당한 곳에 재난지원금 집중 지원 필요성

안철수 재난지원금의 의미는 '재난을 당한 사람에게 지원하는 돈'이죠. 그런데 공무원처럼 수입이 재난과 관련이 없거나, 재난 상황에서 오히려 매출이 늘어난 사람들에게까지 주는 것은 맞지 않으며, 근본적으로 재난지원금이라고 부를 수도 없습니다. '전 국민 재난지원금'이란 말은 형용모순이에요. 존재할 수 없는 말이죠. 재난을 당한 사람들에게 집중 지원하는 것이 취지에도 맞고 옳은 방향이에요. 그런데도 이재명 후보의 경우는 모든 사람들에게 재난지원금을 주어야 한다는 주장을 계속 고집하고 있으니 기가 막힐 노릇입니다.

예를 들어, 독일의 경우 집합금지 명령을 내려서 손실이 난 사업장에 대해서는 고정비의 80%를 지급하도록 되어 있습니다. 국가의 명령을 지켜서 난 손실이므로 집합금지 명령과 손실보상이 함께 이루어지는 것이죠. 문을 닫아도 월세나 해고하지 않은 직원 월급은 계속 나가기 때문에 이를 고정비라고 부르는데 이를 보전해주는 것이죠. 그러나 우리나라는 집합금지 명령으로 큰 손해를 본 사람들에게는 손실보상을 해주지 않고, 오히려 재난을 당하지도 않은 사람들에게까지 재난지원금을 주는 어처구니없는 짓을 하고 있죠.

그리고 지금 돈이 있다고 막 쓰면 안 되는 또 다른 이유는 앞으로도 어떤 재난이 또 닥쳐서 추가 재정의 필요성이 생길지 알 수가 없다는 점입니다. 지금 코로나19 4차 대유행이 진행 중이고, 올 겨울이 되면 신종 변이로 인한 5차 대유행으로 더 많은 사람들이 고통 받을 수도 있습니다. 또한 대형 태풍, 큰 규모의 산불, 폭우와 폭설 등 기후변화 때문에 오는 엄청난 재난들이 닥쳐올 수도 있어요. 그때마다 돈이 필요한데 세수가 좀 많이 걷혔다고 다 써버리면, 새로운 재난이 발생했을 때 쓸 돈이 없습니다. 결론적으로 저는 이재명 후보의 전 국민 재난지원금 주장과 같은 사고방식은 문재인 정권의 실패보다 더 큰 폐해를 가져올 가능성이 매우 높다고 생각해요.

진중권 사실 복지는 보편적 복지가 맞다고 보거든요. 철학의 문제죠. 국민이라면 누구나 누릴 기본권리를 보장해주는 게 복지라는 철학, 문제는 재난지원금이잖아요. 이건 복지와는 성격이 전혀 달라요. 근데 이재명 후보는 자꾸 여기다가 보편적 복지의 틀을 집어넣는 것 같아요.

안철수 저도 복지 하면 무조건 보편적이어야 된다, 복지 하면 무조건 선별적이어야 된다라는 주장은 세상 물정 모르는, 이념에만 사로잡힌 양극단의 사고방식이라고 생각합니다. 제가 새정치민주연합(현 민주당)에서 공동대표를 할 때 맨 처음 한 일 중의 하나가 그전까지 민주당 당헌에는 보편적 복지에 대한 것만 있기에 당헌 전문에 '보편적 복지와 선별적 복지의 전략적인 조합'이라고 고친 것이죠.

진중권 경우와 사안마다 다르니까요.

안철수 그렇죠. 재난지원금과 달리, 교육이나 의료의 경우에는 국가에서 모든 사람들에게 같은 혜택을 주는 보편적 복지가 맞는 것이죠.

진중권 아동수당이나 출산수당 같은 것은 보편적으로 가야 하죠. 문제는 재난지원금인데 2020년에는 제가 그걸 받았거든요? 왜 받았냐 하면 그때는 정책 목표가 분명했잖아요. 코로나 사태로 인해 침체된 경제를 살린다. 그때는 모든 이들이 그걸 받아 그걸 쓰는 게 중요했고 나름 효과도 있었죠. 그런데 올해는 그게 아니거든요? 지금 경기가 죽지 않았어요. 소비를 진작할 필요가 있는 것도 아니고 수출이 안 되는 것도 아니고, 그러니까 정책이라기보다는 선거용이잖아요. 선거를 치러야 되니 민주당에서 돈 뿌리는 거죠, 지난번 총선 때 재미를 봤거든요. 민주당에서는 100% 다 주자고 하는 반면, 정부는 입장이 곤란하니 좀 깎아서 88% 준다고 하고. 그것도 황당해요. 줄 형편이 못 되면 그냥 안 된다고 할 것을….

안철수 재난을 당하지도 않은 계층을 포함하여 88%에게 주는 것도 문제지만, 재원도 문제죠.

진중권 그러니까요. 그런데 이준석 대표가 송영길 대표의 100% 제안을 받아버렸어요. 문제는 그게 재난지원금이란 말이죠. 그 돈은 원래 재난 당한 이들에게, 피해가 집중된 사람들에게 우선 지급하는 게 맞아요. 사실 코로나19에도 저 같은 사람들은 큰 피해가 없거든요. 그냥 마스크 쓰고 다니는 게 불편하다는 정도예요. 아무 피해도 없고 밤 9시 넘으면 식당에서 밥을 못 먹는다는 것 정도인데 말이죠. 사실은 자영업 하시는 분들의 희생을 통해서 그 이득을 우리가 보는 거잖아요.

안철수 맞습니다. 자영업자들을 희생양 삼아 K방역을 지탱하고 있는 겁니다.

진중권 그러니까 이건 고통을 공정하게 분담하는 게 아니라는 생각

Ⅲ. 안심 공동체 대한민국

이 드는 거예요. 그래서 이 재난지원금을 이걸 내가 왜 받아야 되느냐고요?

안철수 고통을 공정하게 분담하는 게 아니죠.

진중권 그렇죠. 재난지원금이 나오는데 아니, 그 돈을 제가 왜 받아야 돼요? 전 피해도 없는데요. 근데 자영업 하시는 분들은 강제로 문을 닫았는데 정부에서 거의 해주는 게 없어요. 모든 사람에게 골고루 나누다보면 피해를 충분히 보상할 수 없어요. 재원이 한정돼 있다고 한다면 최대한 정부의 조치로 인해서 피해를 받는 분들에게 우선 지원해야 하죠.

안철수 정말 한 푼이라도 실제로 피해를 당한 사람들에게 더 집중 지원해야죠.

진중권 한 푼이라도 더 주는 게 맞는 거지 왜 필요 없는 돈을 뿌려주느냐는 거죠. 그다음에 이재명 후보는 여기에다가 또 뭐라고 하냐면 '재난기본소득'이라고 이름 붙였어요. 이건 정말 사악한 거거든요.

안철수 전 국민 재난지원금을 똑같은 액수로 주는 게 공정하다고 보는 사고방식이 정말로 이해가 안 돼요. 그리고 토론하다가 몰리니까 전 국민 재난지원금은 복지 정책이 아니고 경제 정책이라는 궤변을 내놓더군요. 모든 사람에게 돈을 주면 그

돈으로 소비를 해서 자영업자들을 도울 수 있는 것 아니냐는 거죠. 그런데 그것도 틀린 말인 게, 소득이 적은 사람은 받은 돈을 써서 소비가 늘어날 수 있지만, 소득이 많은 사람한테 재난지원금을 주면 소비가 더 늘어나는 것이 아니라 그대로이고 받은 돈은 저축해서 빈부격차가 오히려 늘어나게 되거든요. 초등학생 정도면 다 상식적으로 생각할 수 있는 것인데요.

진중권 　이 사람이 착각을 하는 것 같아요. 보편적 복지냐? 선별적 복지냐? 철학의 차원에서는 보편적 복지가 맞아요. 왜냐하면 복지는 국민 모두한테 다 골고루 돌아가야 하고, 거기에서 빈부 차이를 가릴 필요는 없죠. 그다음에 그로 인한 문제점들은 예컨대 가진 이들한테 세금을 더 많이 걷는 식으로 해결하면 되거든요. 그리고 교육이나 의료는 보편적 복지로 가는 게 맞고요.

안철수 　그럼요. 저도 그래서 학생들의 무상급식은 찬성한 것입니다.

진중권 　그런데 이건 복지가 아닌 재난의 문제입니다. 코로나19로 인한 고통이 모든 국민에게 골고루 배분되고 있지 않잖아요. 저는 거의 타격이 없거든요. 그런데 작년에는 경기를 살린다는 뜻에서 그 돈을 받아서 썼죠. 그런데 이번에는 이해를 못하겠어요. 경기가 가라앉은 것도 아닌데 제가 그 돈을 왜 받아야 하나요? 이번에 보니 코로나 기간 동안 소득 10분위

(최상위 10%) 있잖아요. 그쪽은 소득이 외려 늘었다고 해요

안철수　코로나19 재난 상황으로 소득이 없어지거나 줄어든 사람들이 있는 반면, 소득이 늘어난 업종 종사자들도 있죠.

진중권　자영업자들 다 망해가고 있고, 장사를 접으려 해도 폐업도 못한다고 해요. 옛날에는 폐업하면 물건들을 중고시장에 내다 팔았잖아요. 이제는 돈을 받고 물건을 파는 게 아니라 돈을 내고 처분해야 한대요. 지금 겨우 견디는 자영업자들도 다 빚으로 버티는 거 아닙니까? 이런 상황 속에서 한정된 재원을 88%에 뿌린다는 것도 이해가 안 돼요.

안철수　88%도 사실상 전 국민에 뿌리는 거와 같죠.

진중권　대체 왜 이런 짓을 하는지, 지표상의 경제성장률을 올리려는 건지. 그런데 이재명 후보는 거기에 더 얹어 경기도민 100%에 지급하겠대요. 이 사람들 나라 말아먹겠구나 생각이 들어요. 독일의 경우에는, 국가의 봉쇄 정책으로 해서 손실을 보면 예컨대 고정비가 문제가 되잖아요. 장사를 안 해도 월세 등 그냥 기본적으로 나가는 돈, 독일에서는 그 고정비의 90%를 준다고 합니다.

안철수　자유민주주의 국가에서 국가의 지침으로 영업을 못하게 막았으면 당연히 손실을 보상하는 게 맞죠. 그게 사실 원칙이죠.

진중권 재난지원금을 재난 당한 분들에게 써야 하는데, 우리는 모든 걸 자영업자들한테 책임을 떠맡겨놓고, K방역이라고 자기들이 생색을 내요. 자영업자들의 영업손실 부분에 대해서는 보상을 안 해주면서 돈은 전 국민에게 뿌려대요. 이거 너무도 이상한 거고요. 정부의 정책 담당자들 제정신인가라는 생각이 드는 거죠.

메르켈의 경우에는 코로나19 막기 위해 생필품 가게까지 강제 셧다운을 시킨 적이 있어요. 국민들이 화가 나서 항의하니깐 철회했거든요. 그때 메르켈이 '죄송합니다. 잘못된 판단이었습니다. 그 판단에 대한 모든 책임은 저한테 있습니다'라고 사과했어요. 우리나라 지도자들은 유체이탈 화법으로 책임을 아랫사람들에게 돌리잖아요. 메르켈을 국민들이 신뢰하고 따르는 이유는 저런 시민상식이 축적된 결과겠죠. 참 부럽습니다.

안철수 저는 코로나19 사태 초기에 메르켈이 했던 대국민 담화를 보면서, 국가 지도자의 모범을 보여주었다고 생각했어요. 맨 처음에는 전 국민의 70% 정도가 감염되거나 항체가 생겨야 끝날 거라는, 당시로서는 충격적인 과학적 사실을 이야기해주었어요. 그러나 이보다 더한 고난도 극복했으니 우리는 이겨낼 수 있다고 용기를 불어넣어주고, 정부에서 시행하고 있는 조치들을 설명하며 정부를 믿어달라는 거예요. 마지막에는 보이지 않는 곳에서 묵묵히 일하는 사람들 덕분에 사회가 돌아간다며, 슈퍼마켓에서 선반을 채워넣는 일군들, 환경 미화원들, 그리고 의료진에게 감사를 표했어요. 이런 식으로 국가 지도자가 솔선수범하고 솔직하게 국민들을 설득하니까 정부를 신뢰하는 것 같아요.

진중권 국가 공동체라고 한다면 국채를 발행하든 뭘 하든 간에 고통의 공정한 분담이 되어야 하는 거잖아요. 자영업자들 문 닫게 하고 그 덕은 우리가 보고 있는데, 자영업자 분들께 손실만 떠넘기는지 이해할 수 없어요. 우리든 아니면 우리 다음 세대든 간에 재난 극복을 위해 손해 보는 자영업자와 취약 계층에 집중 지원해야 맞고 그게 공정한 거잖아요. 답답합니다.

안철수 돈이 남는 것도 아니에요. 국고가 바닥 나 있으니 계속 국채 발행해서 돈을 빌리는 수밖에 없는데, 그 돈을 선심 쓰듯이 뿌리고, 늘어난 국가 부채는 미래 세대가 갚으라고 떠넘기는 겁니다. '세대 간 도둑질'을 정부가 나서서 하는 거죠. 아이에게 갈 돈을 부모가 훔쳐서 쓰는 거죠.

이재명 후보는 중앙 정부보다 한 발 더 나가버렸죠. 국가에서 재난지원금 안 주는 사람들은 경기도에서 줘서 모든 사람들이 받게 하겠다고 했으니까요.

진중권 이재명 후보는 한술 더 뜨죠. 88% 지급에서 제외된 나머지

12%에게도 도민의 세금으로 지원금을 뿌리면서 자기의 공약인 '재난기본소득'이라는 이름을 딱 붙여놓았어요. 이건 공적 재원을 사적으로 악용하는 거거든요. 그래서 '이분, 위험한 사람이구나' 하는 생각이 드는 거죠. 그 과정에서 거짓말까지 해요. 도의회에서 원한 거라나? 어차피 도의회는 자기들이 장악하고 있으니, 자기들끼리 짜고 치는 고스톱 아닙니까. 나중에 보니 짜지도 않았더라고요. 경기도의회 의장이 "우리랑 합의한 바 없다"고 반박하고 나섰죠. 결국 몇몇 도의원들, 그것도 그쪽에 친한 사람들하고 얘기한 것이 마치 의회 전체의 의지인 양 둔갑시킨 거죠. 왜냐하면 사실 도비가 지출된다고 하면 또 의회를 거쳐야 되는 거잖아요. 이런 걸 보면서 이 사람 큰일 낼 사람이다라는 생각이 들었어요.

안철수 지금까지 민주화 이후 역대 대통령들이 모두 국회의원을 해본 사람들만인 이유가 다 있는 것이죠. 의회 경험이 없으면 자신의 행정 경험만 가지고 밀어붙일 줄밖에 모르고, 의회의 존재 이유도 모른 채 의회에서의 견제를 쓸데없는 간섭이라 생각하며 못 견뎌 하고, 독재자처럼 밀어붙이면 국정이 파탄 날 거예요.

진중권 의회주의자라기보다는 선동가에 가깝죠. 결국 이런 거죠. 전국의 지자체 중에서 지금 서울과 경기도는 그나마 재정자립도가 좀 있어요. 반면 나머지 시도들은 재정자립도가 낮아 그런 일 하고 싶어도 못 하거든요. 이 사정을 이용해 일 잘

하는 도지사라는 이미지를 심어주려는 거죠. '남들은 못하는데 나는 합니다. 이재명은 합니다.' 이런 쇼를 하는 거거든요. 이게 잘하는 짓일까요? 생각해 보세요. 서울에서 제일 재정이 좋은 강남구에서 구민들에게 돈을 막 쓰는 거 비판했던 게 자기들 아니에요? 그 짓을 이제는 자기들이 합니다. 그런데 재난지원금의 재원은 누구 돈입니까? 국민의 세금, 도민의 세금이거늘 그걸 쓰면서 생색은 자기가 내는 거예요. 거기다가 여러 신문과 매체에 도비로 광고와 홍보를 하고⋯ 이건 정말 미친 짓이잖아요.

안철수   경기도 예산으로 외국에 자기를 홍보하는 것은 어떻게 보세요?

진중권   이 사람이 도대체 뭔 생각을 하는지 답이 없어요. 양보해서 성남시장까지는 모르겠는데 도지사로서 그러면 안 되는 거고, 만약 대통령이 돼서 그 짓까지 한다면 이거는 정말 큰일 나는 거죠. 모든 게 기본 시리즈인데 이게 사실은 경제학보다는 정치학에 가깝거든요. 그러니까 기본, 기본, 기본이라고 하는데 기본대출? 국민이 그거 갚겠어요? 국가에서 보증해주는 것을요.

안철수   사실 성남시장조차도 '대장동 게이트'를 보면 해서는 안 됐죠. 그리고 기본대출을 말하는 것을 보니, 경제학의 기본 원리와 금융 시스템 자체에 대한 이해가 없어요.

진중권 표가 된다면 그냥 막 던지고 보는 식이에요. 예를 들어, 소득 격차와 자산 격차로 청년들의 기회가 없어진다면 그 원인을 찾아 고쳐야 하잖아요. 그런데 원인은 찾아 해결할 생각은 안 하고, 할 줄 아는 게 나랏돈으로 그 격차를 메우겠다는 거잖아요. 지금은 여유가 있다 하더라도, 고령화가 진척되면서 앞으로 복지비는 아무 일 안 해도 계속 늘어날 수밖에 없는 구조잖아요.

안철수 앞으로 저출생, 고령화가 급속하게 진행되고, 잠재성장률이 떨어지는 것은 계산하고 있지 않는 것 같아요. 지속가능성에 대한 검토가 없는 거죠. 그리고 기본소득으로 한 달에 8만 원 준다고 빈부 격차가 줄어드나요? 말이 안 되죠.

진중권 사실 '껌값'이잖아요. 그 돈 그냥 과자 사드시라고 하고 싶어요. 그거 가지고 생색을 내는데, 문제는 그 껌값을 총인구로 곱하면 엄청난 액수거든요. 결국 재정은 계속 악화될 수밖에 없고, 그런 상황에서 세수 좀 늘었다고 생각 없이 뿌려대면 어쩌자는 건지. 이런 걸 보면 이분이 대통령이 되면 큰일 나겠다는 생각이 드는 거죠.

안철수 현금을 뿌리면 사람들이 소비를 해서 경제가 살아난다는 논리인데, 어디서 들은 것 같지 않나요?

진중권 그게 소득주도성장 논리였죠.

안철수 무엇보다도 지난번에는 재난지원금을 수십 번을 줘도 국가 재정에 아무 지장이 없다고 했어요. 국가 부채가 폭발적으로 늘어나도 아무 지장이 없다는 논리인데 미국이나 일본 같은 나라면 그럴 수도 있지만, 우리나라는 그런 나라가 아니라는 것을 모르는 것 같아요. 이런 주장은 나라 망하게 하겠다는 겁니다.

진중권 그분이 마술을 했어야 돼요. (웃음)

안철수 국가 부채가 빠르게 늘어나면 안 되는 이유로 세 가지가 있어요. 우선은 우리나라는 '기축통화국'이 아닌데, 이재명 후보는 이걸 모르는 것 같아요. 기축통화국이란 미국, EU, 일본처럼 전 세계적으로 통용되는 화폐를 사용하는 나라를 말하죠. 이런 나라들은 돈이 모자라면 새로 돈을 찍어내도 국가 부도가 나지 않아요.

진중권 이른바 MMT(Modern Monetary Theory, 현대통화이론) 이론 같아요.

안철수 그러나 우리나라는 그렇지 않죠. 우리나라는 재정이 고갈된 상태여서 새로 재난지원금을 지급하기 위해서는 국채를 발행해야 합니다. 전 국민에게 지급하려면 더 많은 돈을 빌려야겠죠. 이렇게 국가채무가 증가하면 결국 국가신용등급이 낮아져 외국에서 빌려오는 돈에 대한 이자율이 높아지고 국내 외국인투자가 빠져나가게 됩니다. 그러면서 지난 1997년에 겪었던 IMF 외환위기와 같은 것이 오게 되는 것이죠. 그래서 우리나라는 다른 기축통화국들보다 더욱 더 국가채무 비율을 보수적으로 관리해야 하는 겁니다.

두 번째로 부채를 갚으려고 하면, 경제성장률이 어느 정도 높고 유지되어야 부채상환능력이 있죠. 그런데 우리는 지금 잠재성장률이 계속 내려가는 추세니까 부채상환능력이 계속 줄어들 수밖에 없는 거죠,

세 번째로 더 상황을 악화시키는 것은 인구가 작년부터 줄어들기 시작했다는 점이죠. 베이비부머 세대 때는 1년에 120만 명씩 출생했지만, 작년에는 20만 명대로 떨어졌어요. 인구가 줄어드는 것은 경제성장에 치명적인 영향을 미칩니다. 따라서 이런 상황에서는 국가 부채에 대한 보수적인 관리가 필수적이죠.

그것뿐만이 아닙니다. 연금 적자 문제도 심각합니다. 선진국들은 국민연금에 대해서는 100년 추계를 합니다. 100년 후에도 지속가능한지를 계속 점검하는 거죠. 연금에 대해서는 그렇게 관리를 하는 게 당연한데, 우리나라에서는 국회에서 100년 추계 내놓으라니까 안 내놓더라고요.

진중권   없죠.

안철수 그래도 야당에서 내놓으라고 팔을 비틀어 가지고 작년에 겨우 받았어요. 근데 100년 추계가 아니고 2088년까지, 70년이 채 안 되는 추계였는데요. 2088년이 되면 우리나라 국민연금의 누적 적자가 1경 7,000조가 된답니다. 저는 실제 상황에서 '경'이라는 숫자는 처음 봐요. 이걸 우리 미래 세대가 모두 갚는다는 건 불가능해요. 하루라도 빨리 연금 개혁을 해서 이런 파국을 막아야죠.

이번 정권은 지금까지 대한민국 정권들 중에서 최초로, 대한민국의 미래를 위한 중요한 중장기적인 개혁은 하나도 하지 않고 놔두고 있는 정권입니다. 책임감이라고는 눈을 씻고 봐도 하나도 찾을 수 없어요. 나 때만 폭탄이 터지지 않으면 된다는 식이죠. 이렇게 가면 우리 미래 세대를 완전히 파멸의 구렁텅이로 내모는 정권이 될 텐데, 이 정권을 잇겠다는 이재명 후보도 공적연금 개혁에 대해서 문제 제기를 한 적이 없지 않습니까?

진중권 그냥 돈 뿌려대면서 그게 정의라고 생각하고 평등이라고 생각하는 거죠. 거기에 딱 멈춰 있고요. 실은 개인 정치입니다. 이른바 '정치적 효능감'을 높이기 위해 유권자들에게 돈을 뿌리고, 그걸로 지지율을 높이는 거죠. 비용의 사회화, 이익의 사유화하는 거죠. 수단과 방법을 가리지 않고 진짜로 하는 게 그의 문제예요. 정말 공약을 지킬까봐 겁나는 후보가 또 등장한 거예요.

안철수 저와 친분이 있는 진보 성향의 교수님 한 분이 그러시더라
고요. '우리나라 정권에는 세 가지가 있다. 보수 정권이 있고,
다음에 김대중·노무현의 진보 정권이 있고, 이번 문재인 정
권 같은 퇴보 정권이 있다'고요.

4. 공적연금 개혁과 동일연금제 필요성

진중권 또 다른 문제는 그게 복지 제도와 충돌하는 측면들이 있다
는 것이죠. 예를 들어, 국민연금은 기금 고갈이 예상되는데
이 부분은 어떻게 해야 할까요? 저항이 무서워서, 표 잃을
까 두려워서 개혁을 내팽개치면 언젠가는 큰 부담으로 돌아
올 텐데요. 물론 독일처럼 바로 걷어 바로 지급하는 식도 있
어요. 장기적으론 그렇게 되더라도 그 충격이 적지 않을 거
같은데, 어떻게 되는 겁니까?

안철수 저는 19대 국회 때 보건복지 분야에 관심이 많아서 전·후반
기 전부 보건복지상임위에서 일했어요. 그때 공부를 하면서
제가 깨닫게 된 것 중 하나는, 우리나라 복지 제도 중에는
빈부 격차를 더 악화시키는 제도가 많다는 사실입니다. 대표

적인 예가 국민연금이에요. 사실 국민연금은 국가에 1을 내면 국가가 평균 1.4~1.5 정도를 국민한테 돌려주는, 국민의 노후 생활을 위해 혜택을 주는 꼭 필요한 제도죠.

그런데 현실은, 수입이 많은 사람에게 더 많은 혜택을 줌으로써 빈부 격차를 악화시키고 있는 겁니다. 소득 10분위(최상위 10%)는 국민연금 가입률이 거의 100%에 달합니다. 그러나 소득 1분위(최하위 10%)의 가입률은 10% 정도밖에 안 됩니다. 그러니 소득이 많은 사람이 국가로부터 더 많은 혜택을 받게 되는 겁니다. 또한 소득 10분위에 있는 사람은 평균 국민연금을 34년 가입하는 반면, 1분위에 있는 사람들은 19년 가입하는 것으로 나타납니다. 그래서 근로기간 동안의 소득 양극화가 노년에 들어서면서 더 심화될 겁니다. 즉, 지금 상태 그대로 두면 돈 많은 사람에게 국가가 더 많은 혜택을 줘서 빈부 격차를 늘려서 연금 제도가 역진적으로 기능하는 문제가 있어요.

따라서 이러한 국민연금의 개혁 방향은 형편이 안 돼 가입을 하지 못하는 사람들과 사각지대에 있는 사람들을 찾아내어 이들이 혜택을 받을 수 있도록 도와주는 것이 가장 우선적으로 해야 할 일이죠. 그런데 민주당에서는 오히려 소득이 일정 수준 이상이 되는 사람들은 납부 상한선 때문에 더 낼 수 없으니 이 상한선을 더 올리자고 주장하는 사람들이 있어요. 이것은 소득이 높은 사람들에게 더 많은 혜택을 주자고 주장하는 것과 같기 때문에 저는 이 방향은 아니라고 생각합니다.

말씀하신대로 국민연금의 지속가능성도 개혁의 대상이죠. OECD 국가들의 국민연금 부담액은 20% 수준인데, 우리나라는 절반에도 미치지 못하는 9% 수준을 내면서 연금은 비슷한 수준입니다. 수입에 비해 지출이 턱 없이 많은 구조여서 결국은 기금이 고갈되고, 그 이후에는 우리 아이들 세대가 엄청나게 높은 세금을 낼 수밖에 없게 되는 겁니다. 하루가 급한 개혁인데 문재인 정권 들어와서는 아무 일도 하지 않고 그냥 놓아두고 있습니다. 다음 정권으로 폭탄을 넘기는 폭탄 돌리기를 하고 있는 겁니다.

진중권 민주당 사람들은 정책 마인드가 아니라 운동 마인드를 갖고 있어요. 국가의 미래를 보고 앞으로 어떻게 개혁해야겠다고 생각하는 게 아니라, 그때그때 어느 게 우리한테 전술적으로 유리하고 어느 게 선거 슬로건으로 적합한가만 생각하죠. 국민의 삶이나 국가의 미래가 어떻게 되든 말든 신경을 안 써요.

안철수 그야말로 모든 것을 선거에서 표를 많이 얻을 수 있느냐는 관점에서만 바라보는 거죠.

진중권 선거에서 표만 많이 얻어서 이기면 된다고 보고 있는 거고요. 문제가 지금 말씀하신 부분인데 우리나라의 고령층 빈곤화가 OECD 1위거든요.

안철수 우리나라의 고령화 속도는 세계 1위이고, OECD 고령층의 평균 빈곤율이 14.8%인데, 우리나라는 43.4%로 1위입니다. 노인 빈곤율이 평균의 3배 이상인 거죠.

진중권 급속히 고령화가 진행되면서 그 충격이 예상되는데요.

안철수 사실 이 문제는 단기간에 해결하기는 힘든 장기적인 과제예요. 따라서 우리는 이제부터라도 국가의 지속가능성을 위한 장기 과제, 한 대통령 임기인 5년 내로 끝나지 않는 과제들을 정권이 바뀌더라도 일관성을 가지고 계속 추진할 수 있는 방법을 찾아야만 해요. 지금 이야기하고 있는 저출생·고령화 문제 이외에도 공적연금 개혁, 탄소 중립을 위한 에너지 계획, 교육 개혁 등 수많은 개혁 과제들이 있는데, 5년 단임 대통령들은 이러한 일들에 관심이 없이 미루기만 했죠.

진중권 사실상 폭탄 돌리기죠.

안철수 공적연금 개혁 등의 의제들은 지금까지 우리나라가 제대로 한 번도 시도해본 적 없는 '사회적 대타협'이 필요한 사안 아니겠어요. 선진국들에서는 장기적인 국가개혁 의제들을 이렇게 풀어왔는데, 우리도 이제는 그렇게 할 때가 왔다고 생각해요. 여야 정당, 관료, 전문가 등 모든 이해관계자들이 모여서 합의를 이루어야 만이 정권이 바뀌더라도 일관성 있는 장기정책 추진이 가능하거든요.

가장 먼저 사회적 대타협을 도입할 수 있는 주제는 교육 개혁이라고 생각해요. 이 문제도 힘들기는 하지만, 예를 들어 연금 개혁이나 노동 개혁보다는 갈등이 덜하거든요.

교육 개혁이 꼭 필요한 이유는, 우리 아이들은 4차 산업혁명 시대라는 파고를 넘고 불확실성의 시대를 살아가야 하기 때문이에요. 지금 같은 20세기 교육 방식으로는 21세기를 살아갈 아이들을 가르칠 수 없어요. 학제 개편과 미래 교육을 통해서 문제해결 능력과 창의적 역량을 길러줘야 해요. 이를 위해 '국가교육개혁위원회'에 여야 정치권, 관련 부처, 선생님, 학부모, 학생, 관련 전문가 등 이해 관계자들이 모두 모여서, 한 정권의 임기를 넘어선 10년 계획을 합의하는 거죠. 그리고 매년 이런 회의를 열고, 그 때마다 다음 10년 계획을 합의해나가죠. 이런 방식을 영어 표현으로 '롤링 플랜(rolling plan)' 방식이라 불러요. 그래야만 정권이 바뀌더라도 장기 정책이 일관성을 유지할 수 있고 연속성이 보장될 수 있으니까요.

이렇게 교육 개혁에서 사회적인 대타협을 성공하게 되면, 하나의 모델이 되어 저출생·고령화 문제, 노동 문제, 중장기 에너지 계획, 지구 온난화 문제, 공적연금 개혁 등에서 조금은 더 수월하게 타협에 이를 수 있을 거예요. 공적연금 개혁은 사실은 돈과 관련되어 있기 때문에, 장기 과제들 중에서 가장 어려운 과제들 중 하나지만 더 늦기 전에 다음 정부부터라도 반드시 해야 된다고 봅니다.

진중권 이런 국가개혁 의제는 여야가 눈치 보며 서로 안 하려고 하니까요. 사회적 대타협을 통해서 우리가 미룰 수 없는 과제들을 해결해야 할 거 같습니다. 이런 내실화 없이는 계속 빚만 늘게 되니까요. 이 정권의 특성이라는 게 문제의 본질, 근원은 보질 않고 세금 가지고 푼돈 나눠주는 걸로 모든 문제를 해결할 수 있다고 믿어버리는 게 좀 문제인 것 같고요. 이게 전형적인 운동권 멘탈리티거든요. 선거만 바라보고 모든 걸 슬로건화하는 그 극단을 보여주는 게 지금 이재명 후보인 것 같아요.

안철수 국민연금 말씀드렸지만, 공무원연금, 사학연금, 군인연금 등의 특수직역연금들도 있어요.

진중권 그거 어떻게 해야 합니까?

안철수 일본은 2015년부터 공무원과 국민연금 급여를 동일 액수로 맞춘 바 있어요. 미국은 1980년대부터 신규 연방 공무원을 국민연금에 가입시키는 제도를 시행한 바 있습니다. 이렇게 급여에서 서로 차이가 나는 걸 맞추는 방향으로 가는 것이 바람직하다고 생각하거든요. 국민연금에 비해서 특수직역연금은 갈수록 국민의 혈세로 메워야 하는 적자가 눈덩이처럼 늘어나고 있는데, 언제까지 국민 혈세로 메울 수는 없지 않습니까?

그렇지만 예전에 지역건강보험과 직장건강보험을 무리하게 통합하면서 서로 갈등이 생겼던 사례에서 보듯이, 관리 기관들까지 무리하게 합치지는 않아도 된다는 생각이에요. 지금처럼 군인연금, 사학연금, 공무원연금 관리공단은 그대로 유지하는 대신에 어느 연금을 받으나 대한민국 국민이라면 누구든 나이가 들면 적정한 동일 급여로 받게 하는 게 좋다고 생각해요.

진중권　제가 교수 그만두면서 제일 아쉬웠던 게 그 부분이더라고요. 나중에 물어봤는데 저도 사학연금을 받았으면 월 200만 원인가 받는다 그러더라고요. 제가 현재 교수를 계속했으면 그 돈을 받는 건데 그건 정말 아쉽게 느껴지는데요. 문제는 뭐냐면 국민연금 받는 사람들은 이렇게 적은데 교수라는 이유만으로 이렇게 많은 돈을 받아야 되나라는 생각이고요. 어차피 이게 국민 세금으로 메워야 된다는 게 굉장히 부당하다, 불공정하다는 생각도 들었는데 어쨌든 중요한 것은 차이를 없애야 되는 거니까요.

안철수 차이를 없애는 것이 정의롭고 지속가능하다고 생각해요.

진중권 군인이든 공무원이든, 교수든 일반 국민이든 차이를 없애는 게 중요합니다. 물론 반발이 굉장히 심하겠죠.

안철수 갈등이 심할 겁니다. 바로 그래서 '사회적 대타협'이 필요한 것이죠. 정부에서 정해서 명령한다고 되는 게 아니라요.

진중권 게다가 고령화가 급속하게 진행되고 있는데, 고령층 대부분이 빈곤층으로 전락한다는 사실에 대한 위기의식이 없어요. 소득주도성장에 대해서는 경제학자들이 입 모아 정체불명의 정책이라고 비판합니다. 물론 최저임금을 올리자는 데에는 다들 동의해요. 문제는 그 인상이 줄 경제적 충격을 최대한 줄이는 것이죠. 그래서 인상 수준을 정하는 일은 경제학적 결정이어야 하는데, 이게 정치적 결정이 되고 말았거든요.

최저임금을 '만 원'으로 올리자는데, 왜 하필 만 원이어야 하는지 모르겠어요. 당시 우리나라 경제 상황에 우연히 딱 만 원이 적합한 상황이었나요? 만 원을 정치적 목표로 미리 정해놓고, 급하게 인상하다보니까 부작용이 속출한 거잖아요. 5%, 5%, 5%, 5%, 이렇게 네 번 올리는 것과 한 번에 갑자기 20% 올리는 건 차이가 많잖아요. 가볍게 네 대 맞는 거랑 세게 한 대 맞는 거는 대미지 차이가 나죠. 정부 여당 사람들이 '실제로는 많이 올린 것도 아니'라는 식으로 말하

III. 안심 공동체 대한민국

는 걸 들어보면 짜증이 나요.

안철수   문재인 대통령이 지난 대선 때 2020년까지 만 원으로 올리 겠다고 했잖아요. 저는 임기 말인 2022년에 만 원이 되도록 서서히 올리는 공약을 했거든요. 그랬더니 민주당에서는 알 바연대 등의 학생들을 동원해서 저를 계속 스토커처럼 따 라다니면서 최저임금 빨리 안 올리려 한다고 난동을 부리게 했거든요. 그런데 현 정권에서 임기 마지막 해인 2022년에 정한 최저임금이 9,160원이에요. 그때 제게 와서 난동 부리 던 청년들은 지금 무슨 생각을 하고 있을지 모르겠네요.

옛날 일 말씀드리다보니 떠오른 생각인데, 우리나라 노인 빈 곤율이 OECD 중에서 제일 높은 이유는, 우리가 국민연금을 너무 늦게 도입해서 이분들이 그 혜택을 못 받기 때문에 생 긴 것 아닙니까? 그럼 국민연금의 혜택을 받는 분들이 나오 기 시작하기 전까지는, 국가가 혜택 받지 못하는 어르신들을 가능한 도와드리려고 노력하는 게 맞는 일이죠.

제가 새정치민주연합(현 민주당) 공동대표로 있을 때, 당시 집권당인 새누리당의 대선 공약으로 기초연금을 20만 원으 로 인상하는 건을 국회에서 논의하게 되었죠. 저는 당리당 략을 떠나 어려운 어르신들을 조금이라도 더 도와드려서 노 인 빈곤율을 줄여야 된다고 생각했어요. 그런데 당 내 반대 가 너무 심한 겁니다. 통과시켜봤자 공은 새누리당에게 돌아가고, 어차피 노인들은 민주당 찍지 않는다는 논리였어요.

어르신들의 삶을 도와주는 일인데 표 계산만 하는 모습에 경악했어요. 어쨌든 의원총회를 열어 수많은 의원들 반대에도 통과시켜야 하는 이유를 설명하고, 보건복지위에도 공동대표인 제가 직접 참석해서 의결 정족수를 채워 통과시키고, 본회의에 상정해서 관철시켰어요. 뚝심을 발휘한 것이죠. 그러나 결국 그 사건을 통해 저와 그들의 생각이 다르다는 것을 서로 확실하게 알게 되는 계기가 되었죠.

그런데 문재인 대통령이 집권해서 요즘 하는 걸 보면, 또 완전히 돈 나눠주기로 돌아섰잖아요? 결국 모든 판단이 국민을 보고 하는 게 아니라 표 계산만 하는 거죠.

진중권 이 사람들에게 중요한 것은 복지 철학이나 복지 정책이 아니에요. 그때그때 정치적 상황에 유리하게 행동하는 것뿐이죠. 선거에 유리하냐? 자기들의 정치적 정당성 유지에 도움이 되냐? 매사를 그걸 기준으로 판단하니까요. 김대중-노무현 때의 민주당이 아닌 거죠.

안철수 김대중·노무현 정부는 진보 정부고, 문재인 정부는 퇴보 정부라는 학자 분의 말이 맞네요.

Ⅲ. 안심 공동체 대한민국

5. mRNA 백신 개발 과정에서 국가의 역할

안철수 K방역의 성공은 역대 정부들에서 만든 국가 시스템, 국민들의 높은 시민의식, 그리고 의료진의 헌신적인 노력에서 나왔습니다. 마찬가지로 정치가 저렇게 나라를 망가뜨리는데도 우리나라가 여기까지 발전한 것은, 묵묵히 자기가 맡은 일에 혼신의 힘을 다한 국가 시스템의 힘, 그리고 국민과 기업의 저력 때문에 가능했습니다. 지금과 같은 70~80년대에 머물러 있는 정치는 이제 완전히 한계에 도달한 것 같고요.

코로나19 팬데믹 이후 지난 1년 반 동안 제게 가장 인상 깊었던 일 하나만 꼽으라면 저는 모더나, 화이자 백신 개발 과정을 들겠습니다. 저는 너무나도 놀랐고 충격을 받았습니다. 그 과정을 살펴보면 앞으로 이 세상이 어느 방향으로 움직일 것인지 알 수 있는, 너무나 상징적인 사건이라고 생각합니다. 아주 단순화해서 이야기해 드리면, mRNA(messenger RNA)는 이번에 만든 것이 아니라, 옛날부터 생명공학(biotechnology) 하는 사람들이 실험실에서 만들 수 있었던 것입니다. 문제는 이게 워낙 불안정해서 만들어놓으면 부서져버리고 만들어놓으면 부서져버려서 실용적으로 쓸 수가 없었던 겁니다.

그런데 어느 날 나노기술(nanotechnology) 하는 사람들이 이걸 본 겁니다. 근데 나노기술자들은 예전부터 지질로 만든 초미세입자(lipid nano particle)를 사용하고 있었거든요. 그래서 이 사람들이 지질초미세입자로 mRNA를 둘러씌운다면 파괴되지 않고 쓸 수 있을 거 같다는 생각을 한 거죠. 그 결과 나온 것이 화이자 백신, 모더나 백신입니다. 생명공학과 나노기술의 융합으로 지금까지 이 세상에 없던 새로운 것이 탄생한 거죠.

그런데 이 이야기는 이걸로 끝이 아니에요. 이 이야기에는 2부가 있어요. 이 백신 개발 과정을 살펴보던 미국 정부에서 가능성이 있다고 생각한 거죠. 그 직후 미국 정부에서 한 일은 이 백신 개발이 진행되는 과정 중에 혹시 걸림돌이 될 만한 법률이나 규제가 없는지, 더 빨리 개발하려면 어떤 도움이 필요한지를 조사한 겁니다. 그래서 개발 과정 앞에 있던 장애물들을 미리 치우고, 실패에 대한 책임을 묻지 않겠다는 조건으로 연구비 수조 원을 지원했습니다. 그 결과 보통 5년에서 10년 정도 걸리던 백신 개발이 1년이 되지 않아 완료된 겁니다.

저는 이러한 mRNA 백신 개발 과정을 보면서, 여기에 앞으로 세계가 나아갈 방향이 모두 담겨 있다고 생각했어요. 첫째로 이제는 융합 연구가 활발하게 이루어질 수 있는 나라만이 미래가 있다는 거죠. 제가 10년 전 서울대 융합과학기술대학원 원장이었으니, 누구보다도 잘 알죠. 원래 세계는 하나인데 연구 편의에 의해서 여러 분야의 학문으로 나눴습니다. 화학, 물리, 생물 등으로요. 그런데 과학이 발달하다 보니 한 분야에서 쉽게 할 만한 연구는 거의 끝났죠. 이제 남은 것은 분야와 분야 사이의 '경계'입니다. 두 분야가 합쳐서 '융합'하면서 지금까지 이 세상에 없었던 새로운 것을 만드는 시대에 접어들었어요. 분야 간에 벽을 높이 치고 자기 것만 열심히 하는 나라는 더 이상 발전하기 힘들 겁니다.

둘째로 실패하더라도 과정에서 최선을 다하고 도덕적으로 문제가 없다면 책임을 묻지 않는 환경이 필요합니다. 우리나라처럼 결과만 중시해서 실패하면 책임을 묻는다면, 누가 가능성이 낮은 새로운 일에 도전하겠어요? 0.1%의 가능성이라도 도전해야 999명이 실패하더라도 1명이 성공해서 노벨상을 받을 수 있는 거죠.

셋째로 정부와 정치권이 기술의 발전 방향에 대해서 기본적인 이해를 하고 있어야 합니다. 대통령이 몰라도 전문가에게 맡기면 된다는 말은 산업화시대의 이야기이지, 지금은 맞지 않아요. 이제는 각 분야가 너무나도 발전해서 한 분야 내에서도 다른 방향성을 가진 전문가들이 많죠. 원자력발전 분야만 해도 탈핵을 주장하는 사람부터 소형모듈원전(SMR) 전문가까지 너무나 다양해요. 따라서 지금은 대통령이 세계의 흐름과 기술의 방향에 대한 기본적인 상식이 있어야 그 방향에 맞는 전문가를 선택할 수 있죠. 그리고 중요한 선택도 지도자가 해야 합니다. 작년 코로나19 사태가 났을 때 미리 백신을 계약해야 하느냐 마느냐 같은 국가적으로 중대한 문제에 대한 결단은 지도자의 몫이에요.

따라서 이제부터 세계는 이 세 가지를 할 수 있는 나라와 없는 나라로 나뉠 겁니다. 이 세 가지를 모두 잘하는 더욱 발전할 것이고, 잘 못하는 나라는 퇴보의 길을 걷게 되죠. 저는 이러한 것이 mRNA 백신 개발 과정으로부터 얻을 수 있는 교훈이라고 생각해요.

그럼 지금의 우리는 어느 쪽일까요? 우리는 분야별로 벽이 높아서 융합 연구를 하기 힘들고, 단기적인 연구 결과에만 집착하고, 정부나 정치권에서 과학기술에 대한 기본적인 이해도 잘 안 되어 있고, 규제 하나 없애는 데만 해도 4~5년이 걸립니다.

저는 인류문명사적 대전환기를 맞이하는 지금, 우리나라에서 대선이 열리는 것은 하늘이 주신 기회라고 생각해요. 이번 대선은 네거티브나 과거를 붙잡고 싸울 때가 아닙니다. 지금까지 산업화, 민주화 이후 다음 시대로 넘어가지 않고 관성적으로 예전에 하던 생각과 일하는 방식을 근본적으로 바꾸는 기회로 사용해야 합니다. 후보들 각자가 고민했던 미중 신냉전 시대에 대한민국의 생존 전략과 미래 먹거리를 비롯한 미래 담론 경쟁을 해야 합니다. 그래야 우리에게 미래가 있습니다.

노무현 대통령께서 이렇게 말씀하셨죠. "나는 새 시대의 맏형이 되려고 했는데, 지나고 보니 구시대의 막내였다"라고요. 그런데 그 이후에 선출된 세분의 대통령도 구시대의 막내에서 벗어나지 못했어요. 지금이 우리가 새 시대로 넘어갈 수 있는 마지막 기회입니다. 새 시대로 넘어가면 계속 침체하고 있는 국가 운명을 바꿀 수 있고, 계속 구시대에 머무른다면 그나마 지금 가지고 있는 위치마저 잃어버리고 추락하게 될 겁니다.

진중권 저도 크게 공감하고요. 쉽진 않지만, 예술하고 기술 얘기를 했는데 그것도 사실상 어느 정도까지는 우리가 표현하기로는 수챗구멍에다 돈을 붓는 식으로 거기까지도 허용을 해줘야 된다, 그래야 뭐가 나오는 거고요. 국가 미래에 대한 비전들이 지금 다 없는 거 같아요. 저는 한국 사회에 어떤 불안

한 감이 있냐면, 한국에서 작년에 국뽕 신나게 떠들었잖아요. 그게 일본이 딱 망하기 직전 상황과 유사하거든요. 제가 독일 유학 갔을 때 90년대 초반, 중반 그때인데요.

안철수 그때가 일본이 제일 잘나갈 때였죠.

진중권 일본이란 나라가 엄청 잘나가던 시대라서 일본이 미국을 그냥 삼켜버릴 거 같고요.

안철수 미국의 많은 학자들이 일본에서 배워야 된다고 했죠.

진중권 그게 좀 이상했거든요. 아니나 다를까, 얼마 후 일본이 맥없이 가라앉더라고요. 그때 그 느낌이에요. 한국이 대충 20년의 거리를 두고 일본의 궤적을 따라가는 경향이 있잖아요. 지금 뭔가 근본적인 혁신이 할 때입니다. 성장률 떨어지는 거야 어쩔 수 없다 치더라도, 반도체 다음의 먹거리는 뭔가라고 했을 때 딱히 떠오르는 게 없어요. 백신의 경우를 보면 그 격차가 느껴지죠. 저쪽에서는 사실 몇십 년 투자를 해서 그 토대 위에서 mRNA 백신을 만들어내는 거 아니겠습니까. 그게 그렇게 나오는 거지 어느 날 갑자기 하늘에서 떨어지는 게 아닌데요.

안철수 많은 분들이 모르고 계시던데, 우리나라는 백신 개발 역량이 없는 나라였어요. 생산 능력과 개발 능력은 다르거든요.

우리나라에서 백신을 생산할 수 있다고 해서, 개발 능력이 있는 게 아니에요. 마치 외국의 첨단 부품들을 수입해 국내에서 조립해서 첨단 제품을 생산한다고 해서, 우리가 그 첨단제품을 개발할 수 있는 능력이 있는 게 아닌 것과 똑같죠. 백신 개발 역량이라는 게 오랜 시간 동안 많은 연구비를 투자하고, 인력을 기르고, 성공과 실패의 수많은 시행착오를 거쳐서 확보되는 것이거든요. 시행착오를 안 거치고는 역량 확보가 안 됩니다. 설립된 지 130년이 넘은 파스퇴르연구소도 이번에 코로나19 백신 개발에 실패한 거 보세요. 쉬운 게 아니거든요.

불행 중 다행인 것은 이번 코로나19 사태를 계기로 여러 곳에서 개발에 뛰어든 거죠. 여러 곳에서 투자를 하고, 인력들을 기르고, 시행착오의 경험이 쌓이고, 또한 이번 사태가 끝나더라도 계속 개발 노력을 한다면, 이번은 아니더라도 다음 팬데믹 때는 우리도 어느 정도 백신 개발 역량을 갖출 수 있게 될 겁니다.

진중권   내년 초에 SK바이오에서 백신이 나온다면서요.

안철수   선진국들에 비해 늦기는 했지만, 처음으로 한국에서 만든 후보 하나가 3상에 진입한 거죠. 그런데 제가 듣기로는 그건 지금까지 나온 백신들과는 작동 원리가 조금 다르다고 해요. 지금까지 나왔던 백신은 크게 두 가지 방식이거든요. 하나는 실제 바이러스를 죽이거나 약화시킨 걸 주사를 하는 방식이에요. 아스트라제네카 백신이 이런 종류죠. 또 하나는 이번에 나온 mRNA 백신인데, 이걸 주사하면 사람 세포 속에 들어가서 바이러스 표면에 있는 돌기단백질(spike protein)만 만들게 해요. 그럼 실제 바이러스는 아니지만 여기에 대한 항체가 생겨서, 실제 바이러스에 대한 면역력을 가지게 되는 거죠. 화이자 백신이나 모더나 백신이 이런 종류예요.

그런데 SK바이오에서 하는 건 돌기단백질 자체를 만들어서 주사하는 거래요. 그것 자체는 바이러스가 아니니 감염되는 것은 아니면서, 돌기단백질에 대한 항체가 생기게 해서 바이러스에 대한 면역력을 가지게 만드는 거죠. 새로운 방식이어서 3상을 통과할지, 그리고 얼마나 효능이 있을지 저도 관심 있게 지켜보는 중이에요.

진중권 그리고 반도체 흔들리면 어떻게 해야 되느냐고 물으니, 답이 '삼성 풀어줘야 된다, 이재용 풀어줘야 된다' 이렇게 나오잖아요. 차기 주자들이 지금 잘 안 보이고, 사회 전체가 희망을 잃어가는 느낌입니다.

제자 중의 한 친구가 인문학에 재능이 있더라고요. 그래서 이렇게 얘기했죠. "이런 얘기해서 미안한데 너한테 인문학적 재능이 있단다, 불행하게도. (웃음) 근데 알겠지만 인문학 해서는 밥 못 먹는다. 그래도 하겠니? 네가 한다고 한다면 어학은 필요하니까 어학 비용 정도는 내가 대줄 수 있다." 그랬더니 안 하겠대요. "그냥 공무원 시험 볼게요"라고 하더라고요. 20대가 아예 꿈을 포기하고 안정성을 찾는다는 건 사는 게 불안하다는 얘기잖아요. 정재승 선생한테 들은 얘기인데, 실리콘밸리에서는 실패하면 이렇게 말한대요. "너는 이제 코인을 한 개 주웠어."

안철수　최선을 다하고 도덕적으로 문제없을 때의 실패는 그다음에 같은 실수는 반복하지 않으니 점점 성공 확률이 올라간다고 생각하는 거죠.

진중권　그런데 우리는 한 번 실패하면 아웃시켜버리잖아요. 젊은이들이 다 공무원 시험에 매달리는 사회에 희망이 있나? 이런 생각이 들어요. 지금 이건 우리는 위기다. 제가 볼 땐 삼성이라는 기업이 한국이 가진 역량의 최대치를 보여주는 것 같아요. 삼성의 한계가 곧 한국의 한계이고, 근데 거기도 이제 어디까지 올 만큼 왔다는 느낌이 들거든요. 뭔가 새로운 것이 나와야 되는데 그 새로운 것이 나올 토대, 이런 것이 보이지 않아서 굉장히 불안해요, 지금 솔직히.

정치권에서 이런 얘기를 좀 해야 되지 않나요? 근데 정치권에서는 아무도 문제의식을 느끼지 않는 것 같아요. 총체적으로 다가오는 이 위기, 이를 극복하는 건 어느 한 정당의 이니셔티브로 될 문제가 아니잖아요. 사회적 토론, 사회적 대타협, 통합의 리더십이 필요하죠. 말씀하신 연금 개혁도 어느 한 정당에서는 못 하거든요. 지지율 떨어지니까. 그렇다면 여야가 같이 논의를 해야 되잖아요, 같이 책임지겠다는 자세로. 그걸 서로 못 하니까 결국 나라가 퇴행하는 거죠. 책임 정치가 사라지고, 이런 것들에 대해 저는 큰 위기의식을 느끼고 있습니다.

안철수　현재 우리가 앞서가는 건 메모리 반도체 한 분야 정도 같고요. 디스플레이나 이차전지도 일류군에는 속하지만 압도적으로 앞서가지는 못하죠. 오히려, 인공지능 같은 분야는 2017년에 중국에서 따라잡힌 뒤에 그 격차가 더 벌어지고 있거든요. 2018년에 중국의 바이두라는 기업 하나가 3년 동안 인공지능 전문가 10만 명을 양성한다고 발표한 적이 있어요. 그런데 우리나라는 2021년 현재 국내 12개 인공지능대학원 프로그램에 933명의 석박사 과정 학생이 재학 중이니, 우리나라 전체 인재양성 규모가 중국 한 회사의 100분의 1인 셈이죠.

뒤늦게 정부는 디지털뉴딜 한다고 2025년까지 1조원을 투입해서 인공지능, 소프트웨어(SW) 핵심 인재 10만 명 양성 계획을 발표했죠. 그러나 미국 MIT의 인공지능 대학 하나가 1조 원 기금으로 설립됐어요. 그러니까 이미 한참 앞서가 있는 미국이나 중국과 비교해보면, 인력 양성이나 투자 면에서 상대가 안 될 정도이니 극복하기가 쉽지 않아요.

그리고 4차 산업혁명시대라고 해서 인문학 투자도 안 하고 인문학 발전을 도외시하면 안 된다는 이야기는 앞에서 말씀 드린 바 있고요. 무엇보다도 4차 산업혁명시대의 원유와 쌀이라 불리는 데이터가 중요한데요. 그중의 핵심은 정부 데이터 공개에 있지 않습니까? 그런데 우리나라 정부는 데이터 산업 이야기는 하면서 정부 데이터 공개는 이 핑계 저 핑계 대며 제대로 안 하고 있어요. 다음 정부에서라도 이런 문제들을 정확하게 진단하고 필요한 조치들을 취하지 않으면 우리의 미래는 암울합니다. 그런 일은 없어야겠죠.

6. 실리콘밸리는 실패의 요람

안 철 수   제가 옛날에 의과대학 졸업하고 대학원에서 연구했던 분야
가 심장 전기생리학이었어요. 그 당시에 우리나라 전체에서
연구자가 아마 10여 명밖에 안 됐을 거예요. 그러다보니 생
리학 학회에서 발표를 하면 다른 분야 전공하는 분들은 우
르르 나가버려서 몇 명 남지 않을 때도 많았어요.

그러던 중 제가 일본 규슈대학의 방문연구원으로 잠시 간
적이 있어요. 그런데 거기 가서 보니까 일본에는 전기생리학
연구자만 천 명이 넘는 거예요. 일본 인구는 1억 3,000만
명이니까 우리의 2.5배 정도 되는데, 제 연구 분야의 연구자
는 100배 차이가 나더라고요. 그런데 나중에 보니까 제 분
야뿐만 아니라 거의 모든 기초과학의 다른 분야도 연구자

수가 100배 정도 차이가 난다는 것을 알게 되었어요. 지금은 차이가 조금은 좁혀졌겠지만, 일본의 기초과학 역사는 2차 세계대전 훨씬 이전부터 시작해서 인력도 많고 수준도 대단히 높아요. 일본이 노벨상을 많이 받는 게 너무나 당연한 결과죠.

코로나19 백신도 기초과학이 튼튼해야 성과가 나오는 거거든요. 지금은 튼튼한 기초과학의 기반에서 융합 연구를 통해 새로운 성과들이 나오는 시대가 됐어요. 그런데 우리나라는 기초과학이 약하고 다른 분야들끼리 협업하는 전통이 없다보니 노벨상을 받을 후보도 별로 없고 새로운 것도 만들어내기 힘든 상황이죠. 우리가 극일, 즉 일본을 극복하려면 우리나라는 어떤 것들이 부족한지 객관적이고 냉정하게 살펴보고 국가적 차원에서 기초과학에 투자를 해야 해요.

진중권　지금 이과는 다 망했잖아요. 카이스트 나오면 뭐합니까? 어차피 다 의대로 가는데요. 또 의대 가면 뭐합니까? 다들 성형외과 하고요.

안철수　그런 구조를 바꿔야죠. 며칠 전에 대통령이 나와서 우리가 '선도형 경제'가 됐다고 주장하던데, 정말 그렇다면 저도 너무 좋지만 우리는 아직 많이 멀었어요. 제가 좋아해서 추천했던 책 중에 서울대 공대 교수님 여러분이 쓰신 『축적의 시간』이 있어요. 지금까지 없었던 새로운 것을 만드는 능력을

'개념설계능력'이라고 하는데, 이것은 그냥 노력하고 투자만 한다고 갑자기 생기는 것은 아니래요. 오랜 시간 동안 꾸준히, 성공 경험뿐 아니라 실패 경험도 차곡차곡 쌓아가서 '축적'이 되어야만 새로운 것을 만들 수 있는 능력이 생긴다고 해요. 그런데 우리는 실패하면 그걸 소중한 경험으로 여겨서 쌓아가는 것이 아니라 아예 폐기처분하죠. 그리고 이런 일은 과학기술 분야뿐 아니라 창업과 같은 경제 분야를 포함해서 거의 모든 분야에서 벌어지고 있어요. 우리가 뒤처지지 않고 앞으로 나아가기 위해서 꼭 필요한 것은, '축적'의 전통과 문화를 만드는 것이라고 생각해요.

국내 언론에서 실리콘밸리에 대해서 다룰 때는 구글 찾아가고 페이스북 찾아가서 그 회사들이 어떻게 성공했는지에 대해서 기사를 쓰는 경우가 많아요. 실리콘밸리를 '성공의 요람'으로 생각하는 거죠. 그런데 사실 회사들이 크게 성공하는 데는 각각의 특별한 이유가 있어서예요. 그래서 이것을 일반화해서 다른 회사들에게 적용시키기는 힘들어요. 구글과 페이스북의 성공 사례를 그대로 따라 한다고 해서 성공한 기업을 만들 수 없고, 실리콘밸리의 성공 사례를 따라 한다고 해서 우리나라에 실리콘밸리를 만들 수도 없어요. 실리콘 밸리의 핵심은 '성공의 요람'이 아니라 '실패의 요람'이라는 데 있다는 사실을 알아야 해요.

실리콘밸리에서는 실패한 사람도 과정에서 성실하고 도덕

적인 문제가 없었다면, 재도전 기회를 줘요. 그러면 같은 실수는 하지 않을 테니 성공 가능성이 더 높아진다고 생각하는 거죠. 또 다시 실패하는 경우에도 다시 도전할 수 있어요. 그런 과정을 거쳐서 만약 세 번 실패해서 돈을 날리더라도 네 번째 도전에서 크게 성공한다면, 사회 전체로 볼 때는 많은 일자리와 커다란 부가가치를 창출한 셈이죠. 다른 표현으로 하자면 '개인의 실패 경험'을 '사회적 자산화'를 하는 것이죠. 이것이 실리콘밸리의 진정한 힘인 거예요.

그래서 우리도 우리 사회 전반에 걸쳐 모든 분야에서 '축적'이 가능한 사회를 만들어야 재도약할 수 있어요. 축적의 문화를 정착시키지 않으면 우리나라의 미래는 없다고 단언할 수 있어요. 대통령이 말한 '선도형 경제'라는 것도, 축적의 문화가 있을 때만 가능하다고 말씀드리고 싶어요.

진중권   저도 공감하고요. 사실은 성공하느냐, 아니냐는 말씀하신 문화적인 토대와 패자 부활 시스템에 달려 있거든요. 한국은 항상 성공에만 관심을 갖고 그걸 신화로 만들어버려요. 그다음에는 '그런 사람을 만들려면 우리 아이를 어떻게 키워야 하나' 매사 이런 식이죠. 그런데 실리콘밸리의 시스템이 있으면, 그 시스템의 힘으로 언젠가 성공하는 사람이 반드시 나올 수밖에 없죠. 사실 성공한 사람들이 남들보다 특출 난 건 아니잖아요. 기본적으로 성공할 조건을 가진 사람들인데 열 명 중에 사실 아홉은 실패하고, 하나가 성공하는 거고요. 사실 누가 성공하고 누가 실패하느냐는 상당히 우연에 달려 있고, 중요한 것은 성공에 필요한 시스템이죠. 그것만 있으면 하여튼 누군가는 나올 테니까. 그리고 정부에서 그랬다면서요? 돈 줄 테니까 스티브 잡스를 키우라고요.

안철수 한심한 발상이죠. 그게 돈만 있으면 되는 줄 아나보죠.

진중권 학교에다가 돈을 줄 테니까 스티브 잡스 같은 인재를 키우라고 하니까 교수들 반응이 '스티브 잡스처럼 학교를 중퇴하면 학교를 없애야 되는데'라고 했다더군요. 말씀하신 것처럼 실패의 축적의 경험들을 사회적 자산화를 하는 게 중요한데요.

안철수 선진국들에서 보면 실패한 사람에게는 재도전 기회를 주지만, 평판을 잃은 사람은 다시는 그 업계에서 발도 못 붙이게 해요. 그런데 우리나라에서는 실패하면 다시는 재도전할 기회를 주지 않지만, 반대로 평판을 잃어도 오래오래 잘 먹고 잘 살아요. 제가 2000년대 초반에 들었던 머니 게임 하는 사람들이 조국 사태 때 또 이름이 나왔다고 했잖아요. 우리도 이제는 사회적 평판을 중요하게 생각하고 '축적'을 가치 있게 생각하는 문화로 바꾸어야죠.

진중권 그렇죠. 신뢰 사회의 신뢰라는 게 엄청나게 큰 자산인데요. 그러니까 미국 같은 경우에는 무슨 경영 비리, 회계 비리 이런 거 저지르면 그냥 아웃이잖아요.

안철수 그럼요, 비리를 저지른 사람은 다시는 발붙일 수 없어요.

진중권 100년형 이런 건데, 우리는 다 봐주고요. 신뢰 자체가 자산이 못 되니까 다 불신이 되고, 결국은 이것이 경제적인 비용으로 나타나는 거죠. 거래비용으로 나타나는 거고요. 실리콘밸리에서는 누가 실패를 하게 되면 '너는 지금 코인을 하나 먹은 거야. 성공할 때까지 보통 평균적으로 세 번을 실패하는데 이제 하나 먹었고 넌 이제 두 번만 더 실패하면 되는 거야. 그러면 성공할 수 있어'라고 격려해준다고 하잖아요. 그런데 우리는 그냥 한 번 딱 실패하면 아웃이고, 성공하면 그 사람의 성공 사례에만 집착을 해서 거기서만 뭔가 배우려고 하고요.

안철수 사람들은 제 이력만 보고 쉽게 성공했다고 생각하는 분도 있겠지만, 실제로는 창업한 후 망할 고비를 몇 번씩이나 넘기고 IMF 외환위기를 견디어내면서 버틴 것이거든요. 그런데 제가 우여곡절 끝에 성공을 했을 때, 제가 고민했던 것은 이 중에서 내가 공헌한 게 과연 얼마나 될까 하는 거였어요. 왜냐하면 제가 사업을 하면서 어떤 일은 아무리 노력해도 되지 않기도 하고, 어떤 일은 별로 노력하지도 않았는데 크게 잘되기도 했거든요.

제 결론은 반-반이었어요. 반은 저의 노력, 나머지 반은 대한민국이라는 환경과 주위 사람의 도움 때문이라고 생각하게 되었어요. 제가 만약에 안랩 같은 회사를 후진국에서 만들었으면 성공하기 힘들었을 것 아니겠어요? 그러니까 우리 부모님 세대부터 쌓아온 대한민국의 기반과 환경, 그리고 주위 사람들의 도움이 있어서 성공에 이를 수 있었던 것이죠. 성공한 이유가 개인이 잘나서만이 아닌 것이죠. 제가 창업한 안랩의 지분 절반을 기부해서 '동그라미재단'을 만든 이유도 그래서였어요. 반은 사회에 환원하는 게 맞다고 생각했거든요. 그리고 재단을 만든 건 정치하기 훨씬 전이었기 때문에, 정치적인 목적이 없었다는 건 설명할 필요도 없겠죠.

그리고 제가 벤처기업 CEO 시절에, 한 사람의 천재보다 더 중요한 것은 그 사회의 기반과 문화라는 사실을 말하려다보니, 빌 게이츠도 한국에서 태어났으면 성공할 수 없었을 거라고 말해 언론에서 크게 다뤘던 기억이 있어요.

진중권 흔히 그렇게 얘기하죠. 빌 게이츠와 스티브 잡스도 한국에 태어났으면 아마 핸드폰 대리점 하고 있을 것이라고요.

안철수 우리나라로 치면 고졸이라고 무시당하고 기회도 못 가졌겠죠. 빌 게이츠와 스티브 잡스 모두 대학 중퇴자들이니까요. 저는 창업자들의 성공을 사회 시스템의 종속 변수로 보는 입장이에요. 제 역사관도 영웅이 시대를 만드는 것이 아니라, 시대의 맨 앞에 있는 사람이 영웅으로 평가받는다고 보고 있고요.

7. 과학기술의 융합 연구가 중요한 이유

진중권 지금 성장과 관련해서 한국 사회가 성취할 수 있는 극한까지 왔다고 보고요. 우리 한국 사회 역량의 최고치를 보여주는 게 삼성인데 삼성조차 막혀 있지 않습니까. 삼성이 초격차를 얘기하지만 특정 분야의 얘기일 뿐이고, 그마저도 앞으로 계속 유지될지 불분명하죠. 김대중 대통령의 경우에는 벤처붐을 통해서 한국 사회가 10년 또 20년 먹고살 수 있는 토대를 마련했잖아요.

안철수 김대중 정부 시절에 초고속 인터넷망을 설치하는 등 선제적으로 인프라에 투자한 것이 지금의 인터넷 기업들이 탄생하는 데 큰 역할을 했죠.

진중권 지금 여러 후보들이 있지만 그런 비전들이 안 보여요. 대표
님께서 보실 때는 어떤 것 같습니까? 그런 분야에 대해서
뭔가 개척을 해야 되는데 어떤 한계에 와 있다고 보시는지
요? 지금 국뽕의 분위기를 보면 '세계는 넓고 할 일은 많다'
고 떠들던 IMF 직전이 연상돼서요.

안철수 짐 콜린스의 『위대한 기업은 다 어디로 갔을까(How the
mighty fall)』에 '기업이 몰락하는 다섯 단계'가 나와요. 첫째
단계는 성공에 대한 자만심에 차 있고, 둘째 단계는 원칙 없
는 사업 확장에 나서고, 셋째 단계는 위험 신호들이 울려대
는데도 무시하고, 넷째 단계는 몰락하는 걸 뒤늦게 깨닫고
살아남으려고 허덕대다가, 다섯째 단계로 망한다고 해요. 이
건 기업뿐만 아니라 사람이 만든 모든 조직, 심지어 국가에
도 해당된다고 생각해요. 대한민국은 세 번째 단계에 와 있
는 건 아닌지 냉정하고 객관적으로 점검해볼 필요가 있어요.
즉, 많은 지표들이 나빠지는데도 잘되고 있다고 정신 승리하
며 현실을 부정하는 것은 아닌지를 항상 세심하게 살펴봐야
해요. 자칫하면 나중에 현실을 제대로 알게 되더라도 이미
복구하기 힘든 단계에 접어들 수 있거든요.

이제는 정부에서 성장 전략을 이끈다는 환상에서는 벗어나
는 게 중요한 거 같아요. 오히려 개인과 기업에게 간섭하고
신산업을 규제하지 않음으로써, 자율성을 가지고 창의력을
발휘해서 도전할 수 있는 환경을 만들어주는 게 정부가 해

야 할 일이죠. 제가 이미 mRNA 백신 개발 과정의 교훈에 대해 말씀드렸지만, 연구개발도 정부에서 시키기보다 어떤 분야든 도전할 수 있도록 환경을 만들어주고 지원해주는 게 중요합니다. 정부에서 연구개발 투자를 그렇게 많이 하는데도 좋은 성과들이 나오지 않는 이유가 무엇인지 짚어봐야 해요.

진중권 연구개발 비용은 거의 세계 1위잖아요.

안철수 1인당 GDP 대비 정부 연구개발 예산이 세계 1위인데, 연구를 위한 연구 수준에 머물러 있지 않나 생각해요. 기초과학에서 새로운 분야를 개척하거나, 아니면 응용과학기술로 산업화를 이끄는 효과가 미미한 편이죠. 성공 확률이 낮더라도 새로운 일에 도전해야 하고, 융합 연구도 활발하게 일어나야 해요.

그런데 우리나라는 어떤 연구 영역이나 분야가 만들어지면 거기서 벗어나지 않으려는 관성이 강한 거 같아요. 어떻게 하면 융합 연구를 활발하게 하게 할 수 있을지에 관한 제 경험 세 가지를 말씀드릴께요.

먼저, 제가 미국의 국립연구소를 방문했을 때의 이야기에요. 미국의 워싱턴 주 동쪽에 있는 '퍼시픽 노스웨스트 국립연구소(PNNL, Pacific Northwest National Laboratory)'을 방문한 적이 있어요. 워싱턴 주는 서쪽 태평양과 만나는 곳에는 시애틀이 있고, 동쪽으로 큰 산맥을 넘어서 가면 리치랜드(Richland)라는 도시가 나오는데 거기에 있는 연구소예요. 부근에 있는 핸포드(Hanford)는 나가사키에 투하했던 두 번째 원자폭탄을 만들기 위해 플루토늄을 처음으로 만들었던 곳입니다. 후쿠시마 원전사고가 났을 때 방사능 처리 방법을 배우기 위해서 일본에서 관계자들이 대거 방문했던 곳이기도 하죠. 어쨌든 그곳 국립연구소 연구원들과 이야기를 나누다보니, 융합 연구가 활발해지기 위해서는 연구소의 연구원 규모가 5,000명은 되어야 한다고 하더라고요. 그 정도가 되어야 거의 모든 분야의 전문가들이 존재할 수 있고, 자연스럽게 다른 분야 간의 공동 연구가 활발하게 진행될 수 있다고 해요.

그런데 우리나라에서 큰 연구소라고 해봤자 한국전자통신연구원(ETRI)이 2,300명, 한국원자력연구원이 1,700명 정도이고, 우리나라에서 가장 대표적인 국책연구소인 한국과학기술연구원(KIST) 역시 1,700명 정도밖에 안 돼요. 그리고 대부분의 연구소가 몇 백 명 수준으로 분야별로 나뉘어져 있고, 연구소가 작아도 어느 정도의 행정 인력은 필요하기 때문에 연구원이 차지하는 비율이 낮아지죠. 우리나라에서 융합 연구가 활발하지 않은 이유들 중 하나를 여기에서 찾을 수 있을 것 같아요.

두 번째 이야기는 제가 서울대 융합과학기술대학원의 원장으로 갔을 때였어요. 대학원이 만들어진 지 3년 정도 지나서 원장으로 갔는데, 거기 있는 3개의 학과 간에 벌써 벽이 생긴 거예요. 대학원을 처음 만들었을 때 융합 연구를 하는 학과를 3개 만들어서 시작했는데, 세월이 지나면서 학과 내에서만 연구를 하고 학과 간의 융합 연구는 관심이 없더라고요. 일종의 벽이 생긴 거죠. 그래서 3개의 학과를 하나의 학부로 통합해야겠다고 판단하고 교수들 일대일 설득에 나섰습니다. 설득을 해야 했던 이유 중 하나는, 학과장 자리가 3개에서 1개로 줄어들기 때문이었어요. 학과장이 되면 의무 강의 시간이 줄고 여러 권한과 혜택이 주어지는데, 대학원 전체의 발전을 위해 그걸 없애자고 한 거니까요.

우여곡절 끝에 학과 통합 안을 교수 회의에서 통과시키고 서울대 학장 회의에 가지고 갔더니 다들 깜짝 놀라는 겁니다. 새로운 학과를 만드는 것은 쉬운 일이지만, 있던 학과를 없앤다는 건 얼마나 어려운 일인지 알고 있어서죠. 이런 경우는 처음 본다는 학장들도 있었으니까요. 그렇지만 결과적으로 그 시도 이후에는 융합 연구의 핵심인 학문 간 이합집산이 원활하게 이루어지는 문화가 자리 잡게 되었다고 합니다.

세 번째 이야기는 제가 독일 뮌헨의 막스플랑크연구소와 미국 스탠포드대 법대에서 방문학자로 있었을 때인데요. 제가 있던 막스플랑크연구소는 독특하게 디자인된 빌딩이었어요.

빌딩의 가운데는 비어 있어서 다른 층에 있는 방들이 모두 훤히 보이는 구조였고, 중앙에 계단이 있어서 수월하게 다른 층으로 금방 갈 수 있었죠. 그때 2층은 특허법 전공 법률가들이 있었고, 3층은 저를 포함해 혁신에 대해 연구하는 경제학자들이 있었어요. 커피 머신을 2층에만 놓아두고 앞의 넓은 공간에 소파와 탁자를 놓아두다보니, 다른 층에 있던 사람들도 커피 마시러 내려와 다른 분야 사람들끼리 자유롭게 어울리고 이야기할 수 있는 환경이 조성되었어요.

스탠포드대에 있을 때는 D-스쿨이라는 데를 가봤어요. 디자인을 중심으로 의대, 법대, 공대 등 모든 학과 전문가들이 모여 융합 연구를 하는 곳인데, 여기도 2층 건물의 중앙이 비어 있고 다른 층의 방들을 잘 볼 수 있도록 설계가 되어 있었어요. 사람은 물리적인 공간의 영향을 많이 받아요. 그에 따라 일하는 방식이나 문화도 많이 바뀐대요. 융합 연구를 한다는 정신도 중요하지만, 그걸 원활하게 할 수 있게 하는 물리적인 공간과 환경을 만드는 것도 중요하다는 교훈을 얻었죠.

우리도 이러한 것들을 벤치마킹하면 융합 연구가 더 활발하게 될 수 있지 않을까 해요.

8. 원전 : 신재생 에너지믹스의 중요성

진중권 현 정부에서 탈원전과 생태주의를 한답시고 전국에 태양광 패널들을 다 뿌렸는데 대부분이 중국산이고, 그다음에 나무를 베어내고 거기에다가 만들어서 뭐 산사태가 나고 이런 게 벌어졌는데 현 정부의 탈원전 정책과 탄소중립 정책 여러 가지가 있지 않습니까.

일단 탈원전부터 좀 시작하는 게 좋을 것 같습니다. 왜냐하면 여기에 모든 문제가 좀 있는 것 같거든요. 그래서 저도 사실은 탈원전 자체를 찬성을 하는데 과연 이제 탈원전이라는 게 우리나라 환경에 맞는지를 살펴보고요. 또 유럽하고 우리가 뭐 여러 가지 조건들이 좀 다르지 않습니까. 그런데 유럽에서의 친환경에너지라는 게 옛날 천수답처럼 사실 자연의 의존도가 상당히 높기 때문에 이게 만약에 기능을 안 할 경우에는 어떻게 하느냐고 했을 때 유럽 같은 경우에는 전기를 꿔올 수도 있어요.

안철수 유럽의 여러 나라들은 육지로 연결되어 있기 때문에 전력선 들도 나라들끼리 연결되어 있어요. 독일이 전기가 부족하면 프랑스에서 공급받고 정산하면 되죠. 그러나 우리는 북쪽에 북한이 있어서 전력 공급 면에서는 사실상 '섬'인 셈이에요. 어느 나라들보다도 더 충분하고 안정적인 전기 공급을 자급 자족해야 하는 나라죠.

진중권 친환경에너지의 효율도 다른 나라에 비하면 상당히 떨어지 는 편이고요. 탄소중립 얘기도 나오지만, 이게 원전을 폐쇄 하고 생태에너지 중심으로 가기까지에는 아직도 상당한 갭 이 남아 있죠. 결국 그 갭을 화석연료로 메워야 하는 딜레마 에 빠져 있는 것 같습니다. 현 정권의 탈원전 정책 여기에 대 해서 어떻게 생각하시는지요.

안철수 제가 지난 대선 때 내건 공약이 조건부, 단계적 탈원전이었 어요. 저는 우리의 신재생에너지 기술 수준이 낮은 상태여 서, 충분히 원전을 대체할 수 있을 만큼 기술 수준이 올라왔 을 때 거기에 맞춰서 단계적으로 해야지, 이런 준비 없이 무 조건 탈원전 계획을 세우는 건 현실성이 떨어진다고 생각했 어요. 그런데 독일의 에너지 정책 현장을 둘러보고 전문가들을 만나 대화를 하면서 기본적으로 원전은 필요하다는 생각으로 바뀌었어요.

우선 이런 말씀부터 드리고 싶은데요. '위험'과 '공포'는 다른 것이에요. 예를 들어, 자동차 사고와 비행기 사고를 비교해서 실제 위험을 따져보면, 비행기보다 자동차로 죽는 사람이나 사고 확률이 훨씬 더 높아요. 자동차가 비행기보다 위험한 것이죠. 그런데도 사람들은 반대로 자동차는 별 생각 없이 타지만, 비행기에 대해서는 막연한 공포감을 가지고 있어요. 이럴 때 정부에서 정책을 세우려면 어떻게 해야 할까요? 실제 위험을 줄일 수 있는 제도와 기술 발전을 통해 사람의 생명을 보호해야죠. 그리고 합리적이지 않은 공포에 대해서는 교육과 홍보를 통해서 생각을 바꿔줘야 하지 않겠어요?

발전 수단을 크게 나누면 화석연료발전, 원자력발전, 그리고 신재생에너지가 있습니다. 화석연료발전은 '위험', 원전은 '공포'에 해당합니다. 화석연료발전의 가장 큰 문제점은 미세먼지 발생과 온실가스 배출입니다. 우선 미세먼지의 경우에는 지금 이 순간에도 사람을 죽이고 있습니다. 막스플랑크연구소의 연구 결과에 따르면 미세먼지로 죽는 초과 사망자 숫자가 전 세계적으로 매년 880만 명 정도 된다고 합니다. 초과 사망자라는 것은 만약에 미세먼지가 없었으면 안 죽어도 될 사람 숫자입니다. 흡연으로 인한 사망자 수보다 많습니다. 미세먼지가 흡연보다도 해롭다는 이야기죠.

이산화탄소를 포함한 온실가스에 대해서는 제가 미국 스탠포드대 법대에서 방문학자로 있을 때 앨 고어 전 부통령의 강연을 들은 적이 있습니다. 앨 고어가 매일 새롭게 배출되는 이산화탄소가 어느 정도 양인지 아느냐고 묻더군요. 무려 1억 5,000만 톤이래요. 1톤의 공기가 어느 정도 부피인지 상상이 가질 않는데, 1톤도 아니고 무려 1억 5,000만 톤이 매일 배출되는 겁니다. 그러면서 말하길, 자기가 2006년에 〈불편한 진실(Inconvenient Truth)〉 영화로 아카데미상도 받고 노벨평화상도 받으면서 강연을 다닐 때는 바꿀 수 있다는 희망이 있었대요. 그런데 지금은 절망으로 바뀌었답니다. 이제는 지구를 그 전 상태로 복구하는 건 불가능하다고 판단한대요. 그런데도 지금도 이렇게 열심히 강연을 하는 이유는, 이걸 그대로 두면 도대체 어떤 파국이 우리 앞에 다가올지 모른다는 절박감 때문이랍니다.

온실가스로 인한 지구 온난화는 우리의 삶을 엄청나게 바꾸고 있습니다. 이상기온뿐만 아닙니다. 극심한 가뭄, 반대로 엄청난 폭우, 호주에서 우리나라 면적 정도를 태워버린 엄청난 산불, 거센 태풍, 해수면 상승으로 인한 침수, 그리고 코로나19같은 팬데믹에 이르기까지, 전부 지구 온난화 때문인 거죠.

따라서 화석연료발전은 실제 사람을 죽이고 있는 '위험'이지만, 원전은 미래에 대한 '공포'입니다. 원전 폭발에 따른 방사능 유출 사고 가능성, 그리고 사용 후 핵연료 처리에 대한 공포죠. 그런데 우리는 자동차가 사고로 사람을 죽인다고 해서 자동차를 없애자고 하지 않잖아요? 기술 발전으로 더 안전한 자동차를 만들려고 노력하죠. 원전에 대한 공포도 기술 발전으로 극복해 나갈 수 있습니다. 우선, 원전 폭발 가능성을 없애는 대안으로 제시된 것이 요즘 각광받고 있는 소형 모듈 원전(SMR, Small Modular Reactor)입니다. 지금까지는 원전을 만들 때 경제적인 이유로 큰 규모로 만들다보니, 복잡성이 증가해서 모든 가능성에 대한 예측이 힘들 수밖에 없었죠. 그러나 원전의 크기가 줄어들면 복잡성이 줄어들어 안전한 관리가 가능하게 됩니다. 대표적인 예가 핵잠수함일 거예요. 핵잠수함이 전 세계 바다 속을 누빈지 수십 년이 되어 가지만, 작은 핵 모듈이 폭발한 전례가 없어요. 그리고 사용 후 핵연료 처리 기술인 파이로 프로세싱 기술도 빠르게 발전하고 있습니다.

그리고 제가 독일에 있을 때 신재생에너지에 대해서 알아보기 위해 슈튜트가르트(Stuttgart)에 있는 EnBW(Energie Baden-Wurttemberg AG) 회사를 방문한 적이 있어요. 독일의 북쪽은 북해와 인접해 있는데, 북해 바다 한 가운데 끊임없이 거센 바람이 부는 곳에 대규모 풍력발전소를 만들어 운용한다고 했어요. 그러나 우리나라는 풍력도 독일에 비하면 약하고 간헐적이며, 태양광 발전 여건도 다른 나라에 비해 흐린 날도 많고 겨울이 되면 쓰지 못하는 등 효율이 많이 떨어지죠. 밤이나 바람이 불지 않으면 전기를 생산할 수 없어서 전기 공급의 안정성이 없고, 생산단가와 필요한 땅의 크기도 원전에 비하면 훨씬 많다는 것도 단점이에요.

따라서 우리 여건에서는 완전히 탈원전 하는 건 힘들다는 생각입니다. 2050년 탄소중립 목표도 원전을 사용하지 않으면 불가능하고요. 탄소중립 하니까 생각나는 게 있는데, 발전에서 배출하는 이산화탄소는 전체의 4분의 1 정도에 지나지 않아요. 그러니까 원전을 사용해도 이 부분만 해결할 수 있습니다. 나머지 4분의 3은 철강이나 시멘트 같은 물건을 만들 때, 자동차에서, 동식물을 키울 때, 냉난방 할 때 배출되게 됩니다. 따라서 각각의 경우에 이산화탄소를 배출하지 않는 새로운 기술을 개발해야 하니, 원전을 사용하더라도 2050년 탄소중립은 벅찬 목표이죠. 혹시나 대통령이 발전 분야만 신재생에너지로 바꾸면 목표를 달성할 수 있다고 착각한 것은 아닌지 우려됩니다.

진중권   청와대에서는 문제를 주로 이념과 슬로건의 차원에서 다룹니다. 현실을 정확히 이해하지 못한 가운데 정책을 만드는 거 같아요. 또 법과 절차를 무시하고 그냥 관철시키다 보니까 탈원전 목표치를 달성하려고 무리하게 원전의 경제성 평가를 조작하는 일도 일어나고 이러는 것 같습니다.

9. 제노포비아와 난민 문제

안철수   독일에서 난민 문제는 어떻게 대응하나요?

진중권   제노포비아나, 이슬람포비와 같은 이방인 혐오가 전혀 없는
건 아니지만, 그래도 독일은 난민을 100만이나 받아들였잖
아요. 거기도 네오나치부터 난민의 수용에 반대하는 이들이
있지만, 전반적인 사회 분위기는 난민을 받아서 독일 사람으
로 만든다는 자신감에 차 있습니다. 이런 사회적 합의가 가
능한 나라라는 게 참 위대해 보이더라고요.

진중권   이번에 아프간 난민들을 '특별 공로자'라고 불렀잖아요. 그
게 사실은 외신에서 칭찬받는다 그러지만 이게 사실 굉장히
비겁한 거거든요. 난민인데 난민이라 부르면 국민들이 안 받

아들일 거 같으니까요. 굉장히 네이밍을 잘했다는 생각은 들지만, 그 밑바닥에 깔린 진실은 굉장히 쓰라린 거죠. 난민이라고 하면 우리 국민들이 안 받아들일 것 같은 이 현실을 사실 호도하는 거잖아요. 그런데 또 그렇게 할 수밖에 없는 정부의 입장도 이해는 되는데 솔직히 우리가 정직하진 못한 거죠.

안철수 　사실 우리나라도 세계 10대 경제 대국이고, 난민국제조약에도 가입해서 우리가 모범을 보일 의무도 있는 상황인데, 국내에서는 아직도 정서적으로 받아들이기 힘든 상황 아니겠어요? 저는 어쨌든 외국에 있는 우리 교포들을 도와준 '특별 공로자'라는 형태로라도 약간 반발을 누그러뜨린 건 긍정적인 측면이 있는 거 같아요. 이러한 과정을 거치면서 국민들이 난민 신청에 대해서 조금 더 다가갈 수 있을 것 같네요.

진중권 　저는 그래서 네이밍은 참 잘했다, 그다음에 난민 반대 이슈를 아주 교묘하게 잘 피해 갔다고 생각해요.

안철수 　한편으로 생각하면 국민들도 앞으로는 전략적으로 접근하면 좋겠다 싶어요. 사실 지금 우리나라 국민들이 외국에서 많이 정착해 살고 있고, 현지 사람들 도움도 많이 받고 있거든요. 난민에 대한 우리의 이런 조치들이 알려지면 우리나라에 대한 이미지도 올라갈 거고요. 그러면 다시 외국에서 일하는 우리 국민들이 더 잘 대접받고 도움받으며 살 수 있지 않겠어요?

진중권 독일의 경우는 난민과 이민을 오래전부터 받아왔고요. 그러니까 장기적인 연구들이 축적돼 있어요. 그런데 결과적으로 독일 경제에 도움이 됐다고 해요. 난민에 대한 근거 없는 공포는 그냥 더불어 살아가면서 자연히 없어지거든요. 동성애자나 무슬림들에 대한 편견도 마찬가지입니다. 유학할 때 기숙사 이웃들이 온통 무슬림들이었는데, 불편한 게 있다면 파티 때마다 만두 같은 음식에 돼지고기 들어갔는지 안 들어갔는지 신경 쓰는 것 정도긴 했어요.

안철수 저도 미국에서 살 때 처음으로 할랄 푸드만 따로 모아놓은 것을 보고 신기해한 적이 있어요. 미국에서는 실리콘밸리 창업자 중에서 거의 절반이 1세대 이민자예요. 미국이 이민자를 안 받았더라면 첨단 스타트업이 절반으로 줄었을 거예요. 우리도 지구촌 시대에 이제부터라도 조금씩 더 개방적으로 생각하는 게 좋을 것 같아요. 부정적인 면은 최소화할 수 있는 방법을 찾고, 긍정적인 면을 최대한 활용해야죠.

진중권 음식에 신경 좀 쓰이는 거 빼고는 불편한 거 없거든요. 그래서 난민들이 와서 같이 살고 그다음에 그들도 다 세금 내고 물건 하나 사 먹어도 간접세 들어가 있는 것 아닙니까? 그들도 소득이 특정 한계를 넘게 되면 당연히 소득세를 낼 테고, 세금을 냈으면 당연히 권리를 누려야 되는 거고요.

내가 누구를 이웃으로 할까 생각할 때 동료 시민에 대해서 편견을 가진 사람보다는 차라리 그런 편견이 없는 사람들하고 이웃하고 싶어요. 자꾸 인간을 국적으로 규정하는 것도 안쓰러운 건데요. 자신이 대한민국 국적을 가졌다는 이유로 그렇지 않은 사람들을 차별하고 싶어 해요. 그런데 그 원인을 따져보면, 평소에 많은 차별을 받았던 스트레스를 자기보다 처지가 안 좋은 만만한 사람들에게 대리 투사하는 것 아닌가 하는 생각이 듭니다. 착잡하죠.

안철수 우리도 이제는 글로벌 시민의식이 꼭 필요한 때가 됐는데, 우리는 아직도 국내에서 우리끼리만 쳐다보고 세계가 어떻게 변하고 있는지 관심도 없고 바깥세상을 보지도 않는 거 같아요. 미국 유학 처음 가서 약간 충격을 받은 게 신문이 1면부터 한참 뒤까지 전 세계에서 지금 어떤 일이 일어나고 있는지에 대한 기사들이었어요. 미국 국내 뉴스는 한참 페이지를 넘긴 뒤에 나오더라고요. 이런 언론 환경이면 전 세계에서 일어나는 일에 관심을 가지고 이런 일들이 우리에게 어떤 영향을 미치는지를 생각하게 되고, 자연스럽게 글로벌 시민의식이 자리 잡게 될 것 같아요. 그런데 우리나라는 아직도 국내 소식 위주이고 세계 뉴스는 한참 뒤에 나오잖아요. 그러다보니 관심을 두지 않게 되죠.

진중권 그것도 선정적인 사건들 위주고요. 옛날에는 그래도 국제 정세 분석한 기사, 방송, 다큐멘터리 이런 것들이 좀 있었는데

Ⅲ. 안심 공동체 대한민국

요즘은 그런 게 거의 오히려 사라진 것 같아요.

안철수 그래서 우리는 우리가 우물 안의 개구리라는 것을 깨닫고 바깥으로 나가는 노력을 해야 할 때에요.

진중권 맨날 듣는 게 BTS, 봉준호의 수상 등, 그건 그들 개인의 재능 덕분인데, 최근 국뽕이 너무 많아졌어요. 그다음에는 일본을 제쳤니 마니 이런 얘기를 하는데요. 제치긴 뭘 제쳐요.

안철수 제친 일들만 뉴스에 나서 그렇지, 수없이 많은 분야들에서 아직도 뒤지고 있어요. 극일을 하려면 먼저 객관적으로 파악하는 것이 필요하죠.

진중권 일본 제품들 보면 그래도 아직도 일본의 저력이 느껴져요. 그런데 얼마 전에 『추월의 시대』라는 책도 나왔잖아요. 외국에 안 살아보고 속속들이 몰라서 그런 거 같아요. 일본은 사실 몇 백 년 전부터 기초를 쌓아온 거고, 우리의 근대화는 짧았고요. 일본의 기술력을 추월했다는 것 자체가 아직은 상식적으로 말이 안 되는 건데요. 우리도 이제 다민족 국가로 향해 가야 하는데요. 이미 우리나라 아이스하키 팀에 백인 선수들이 있고요. 이번 도쿄 올림픽 국가대표로 출전한 케냐계 한국인 오주한 선수도 있고요.

안철수 마라톤 선수인데 2018년에 귀화했다고 해요.

진중권 국가대표로 태극기 달고 다양한 피부색으로 참전하는 게 오히려 보기 좋더라고요. 물론 아이스하키 선수들은 국제 대회 출전하려고 잠시 들어온 거긴 하지만요. 그런데 홍대만 나가도 피부색 관계없이 한국말 완벽하게 하는 사람들 굉장 히 많거든요. 실제로 어떤 일이 있었냐 하면요. 우리 고양이 가 산책하는 산책냥이거든요. 고양이는 말이 산책이지 5m 움직이고 거기서 5분 앉아 있다가 1m 움직이면 10분 앉아 있다가 아주 천천히 산책하거든요. 그런데 그때 저쪽에서 흑 인 여성이 오면서 막 전화 통화를 해요. 들어 보니 프랑스어 예요. 프랑스 여성 같은데, 우리 고양이를 보고 하는 얘기가 "와, 대박. 존나 귀엽다" 이러는 거예요.

안철수 진짜 한국 사람보다 한국말 더 잘하네요. 우리도 조금씩 국 제화가 되고 있는 중이라는 증거죠.

진중권 홍대 앞에 가면 이미 그런 수준이더라고요. 저는 이런 다양 한 문화들이 한국의 미래상이 됐으면 좋겠어요. 다양성이 공존하는 한국의 미래상을 준비해야 하는 거죠.

따뜻한 변화를 꿈꾸며…

한여름에 대담을 시작하고 가을에 수정 보완을 거쳐 겨울 초입에 책으로 묶여 나왔습니다. 저희 두 저자가 살아오며 천착해온 분야와 삶의 궤적은 많이 다르지만, 대한민국의 문제점 진단과 변화를 위한 해법의 방향성은 매우 닮았다는 점을 발견하였습니다.

진보의 날카로운 시선으로 보더라도 중도의 실용적 관점으로 보더라도 진단과 대안은 한 방향으로 수렴되었습니다. 사회경제적 약자들을 우선하는 휴머니즘과 따뜻한 철학적, 윤리적 기반도 같았습니다. 더 놀라운 것은 국민들과 함께 미래를 만들어가는 '따뜻한 변화'를 추구한다는 점도 공통점이었습니다.

이 책을 기획하게 된 것은 문재인 정부와 박근혜 정부의 국정 실패만이 아니었습니다. 1987년 민주화 이후 점차 악화되는 대한민국의 모순적인 구조에 주목했습니다. 산업화, 민주화 이후 이뤄졌어야 했는데 시기를 놓친, 대한민국의 새로운 변화와 대한민국의 재구성(리빌딩)에 대해 고민했습니다.

후진국에 태어난 세대와 개도국에 태어난 세대, 그리고 선진국에 태어난 세대가 한 시대에 함께 살고 있는 대한민국이라는 특수한 환경에서, 87년체제는 해법을 만들어내기 힘든 구체제(앙시앙레짐)로 급속히 전락하고 있다는 데 주목했습니다. 이런 구조하에서는 정권 교체가 구적폐와 신적폐의 위치만 서로 바꾸는 '적폐 교대'가 될 수밖에 없으며, 정권 교체를 넘어 '시대 교체'가 불가피함을 뼈저리게 느꼈습니다.

가끔 언급되는 정치 교체도 '시대 교체'라는 거대한 담론의 일부분에 지나지 않습니다. 정치적으로 제왕적 대통령제에 따른 청와대 정부, 기득권 거대 양당의 적대적 공존 체제, 경제적으로 관치경제와 신자유주의의 최악의 조합이라는 구조적 모순으로 인한 신성장 동력의 질식과 저성장의 고착화, 사회적으로 양극화 심화와 청년 세대의 미래 기회 박탈 등 구조적 문제를 해결하기 위해서는 '시대 교체'가 필요하다는 결론에 이르렀습니다.

또한 지금 이 시점에서는 남들이 쫓아오지 못할 정도의 '초격차' 과학기술 분야들을 집중적으로 육성하여 미래먹거리와 일자리를 창출하는 미래 신성장 전략에 대한민국의 운명이 달려 있습니다. 4차 산업혁명시대가 본격화하면서 미국과 중국은 치열한 과학기술 패권 전쟁을 벌이는 중입니다. 기후 위기 시대의 부산물인 코로나19 팬데믹은 포스트코로나 시대를 가속화하는 계기로 작용하고 있습니다. 신성장을 위해서는 자유와 창의에 기반한 시장경제, 공정한 경제 구조, 안심할 수 있는 사회안전망 구축 등 경제 구조 개혁이 우선되어야 합니다. 나아가 국가 과학기술 체계의 혁신, 창의적 인재 양성을 위한 교육의 혁신, 연구개발의 혁신, 법·제도 정비 및 규제 혁신 등의 중장기 종합 전략 수립 및 실행이 필수적입니다. 이러한 개혁의 기반하에서 반도체 초격차 기술처럼, 디스플레이, 이차전지, 원전, 수소 산업, 그리고 컨텐츠 산업 등 5개 이상의 초격차 분야를 집중적으로 육성해야 합니다. 초격차 분야를 5개 이상 확보한다는 의미는, 삼성전자와 같은 글로벌 선도 기업을 5개 이상 만들어낸다는 의미와 같습니다. 삼성전자급 글로벌 선도 기업이 5개 이상 육성된다면, 대한민국은 G5(5대 경제 강국 클럽)로 도약할 수 있을 것입니다.

대담을 기획하고 진행하는 와중에 드루킹-김경수 게이트에 대한 대법원 유죄 판결이 났지만, 최대 수혜자인 문재인 대통령은 몇 달째 묵묵부답입니다. 개혁으로 포장했지만 검수완박(검찰수사권 완전 박탈)에 이은 언자완박(언론자유 완전 박탈)으로 부패완판(부패가 완전히 판친다)이 되었고, 화천대유 대장동 게이트까지 터져나와 절망스러웠습니다.

'시대 교체'와 '과학기술 초격차'와 같은 역사적인 꿈을 이루기 위한 가장 근본적인 전제는 '사람으로서의 온전함을 갖춘 리더'입니다. 국가 지도자로서 갖추어야 할 가장 기본적인 덕목은 '인티그리티(integrity, 사람다운 온전함·도덕성)'입니다. 이미 선진국들에서는 너무나 당연한 덕목입니다. 사람으로서의 온전함이 없는 사람은 국가 지도자가 될 자격도 없고 되어서도 안 됩니다. '부도덕하지만 일은 잘한다'는 말은 그 자체가 모순이며, 성립할 수 없습니다. 만약 이런 사람이 국가 지도자가 된다면 그 능력을 자신과 자신의 수하들을 위해서 쓰고 일반 국민들은 파탄에 빠질 것입니다.

이러한 지금, 안철수 대표가 쓴 『우리의 생각이 미래를 만든다』에필로그 중에서 다음 내용을 들려드리고 싶습니다.

> "많은 사람들이 같은 고민을 한다면
> 그 문제는 풀리게 마련이다.
> 많은 사람들이 같은 곳을 바라본다면
> 사회는 그 방향으로 변하기 마련이다.
> 많은 사람들이 간절히 원한다면
> 그 꿈은 이루어지기 마련이다.
> 미래는 피하고 싶은데도 다가오는 두려움이 아니다.
> 미래는 우리가 가진 생각으로 만들어가는
> 가능성이며 희망이다."

마지막으로 이 책 『선을 넘다』가 나오기까지 열과 성을 다해주신 시원북스 출판사 관계자 분들께 감사드립니다.

안철수, 진중권

대한민국 혁신 논쟁

선을 넘다

초판 1쇄 발행 2021년 11월 5일

지은이 안철수, 진중권
펴낸곳 (주)에스제이더블유인터내셔널
펴낸이 양홍걸 이시원

주소 서울시 서초구 고무래로 18-4(반포동, 송암빌딩)
블로그·인스타·페이스북 siwonbooks
문의 02)2014-8277

ISBN 979-11-6150-529-9 03300